Inhaltsverzeichnis

Bildungsbereiche

Vorwort

Liebe Erzieher*innen,

es ist nicht immer einfach, die Wünsche und Interessen der Kinder mit den Förderzielen der Bildungspläne in Einklang zu bringen. Es erfordert ein hohes Maß an Kreativität, Fantasie und vor allem Flexibilität. So konfrontierten mich die Kinder eines Tages mit dem plötzlich aufkeimenden Interesse an Baustellen, Baggern, und dem Bau von Häusern. Da dieses Interesse und die Wissbegierde der Kinder nicht mehr zu dämpfen waren und mittlerweile auch Geschwisterkinder und Kindergartenfreund*innen aus anderen Gruppen vom Baustellenfieber angesteckt waren, entwickelte ich ein Baustellenprojekt, an dem alle Kinder, sowohl kleine als auch große, Jungen und Mädchen, große Freude hatten. Im Laufe der Zeit ist so ein umfangreiches, praxiserprobtes Projekt entstanden.

Die Angebote konzentrieren sich insbesondere auf das Geschehen auf einer Baustelle, zum Beispiel den Bau von Gebäuden, Baustellenfahrzeuge und die verschiedenen Berufe und ihre Tätigkeiten und Werkzeuge. Außerdem erfahren die Kinder einiges über die Baumaterialien und begreifen, dass ein Haus bauen nicht nur Stein auf Stein setzen bedeutet, sondern noch eine ganze Menge anderer Dinge vorangehen.

Die Zielgruppe mögen auf den ersten Blick Jungen sein, dennoch finden auch die Mädchen Freude daran, sich den mathematischen und logischen Denkaufgaben zu stellen. Und schließlich bauen auch Mädchen gerne mit Lego®- und Bausteinen, denn natürlich braucht auch eine schöne Prinzessin ein tolles Haus oder das Pferd einen Stall.

Die Angebote sind für Kindergartenkinder im Alter von 2–6 Jahren konzipiert worden.

Ziele:

- Die Kinder erfahren viel über die einzelnen Materialien und deren Nutzen.
- Durch den Austausch untereinander und das neue Sachwissen werden Wortschatz und der Sprachgebrauch erweitert.
- Über Vorüberlegungen und Experimentieren werden das logische und das mathematische Denkvermögen geschult.
- Die Kinder agieren in vielen Angeboten miteinander und unterstützen sich gegenseitig. Dadurch werden Rücksichtnahme, Verantwortungsbewusstsein und die gegenseitige Akzeptanz gefördert.
- Über Ausflüge und Bewegungsangebote werden motorische Fähigkeiten und die Körperwahrnehmung geübt.
- Ausdauer, Konzentration, Wahrnehmung und Handlungsplanung werden geschult.

Ich wünsche Ihnen und Ihren Kindern ebenso viel Spaß mit dieser Projektmappe, wie wir ihn hatten!

Cornelia Emde

Hinweis:
Aus Gründen der besseren Lesbarkeit wird im Folgenden auf eine sprachliche Differenzierung der Geschlechterbezeichnungen verzichtet. Da die Erzieher*innen in Kindertagesstätten zumeist weiblich sind, haben wir uns hier für die weibliche Form entschieden. Selbstverständlich sind stets alle Geschlechter angesprochen.

Vorbemerkungen und Arbeitshinweise

Zu den verwendeten Symbolen

Bildungsbereiche (jeweils das äußerste Symbol oben rechts auf den Arbeitsblättern):

 Sprachliche Bildung

 Musikalische Bildung

 Ästhetische Erziehung

 Umwelt-, Sach- und Naturbegegnung

 Gesundheit und Ernährung

 Mathematische Bildung

 Feste und Feiern

 Wahrnehmung und Entspannung

 Körpererfahrung und Bewegung

 Sozialerfahrungen

Sonstige Symbole:

 geeignet für die Begabtenförderung

 für unter 3-Jährige geeignet

Layout:

- Die Seiten mit der **Baustellenabsperrung** im Layout unten rechts sind für die Erzieherin gedacht.

- Die Seiten mit dem **Bagger** unten rechts sind Arbeitsblätter, die direkt mit den Kindern bearbeitet werden können.

Allgemeine Hinweise zur Organisation und Durchführung

Erstellen einer Themenwand oder Themenecke / Baustelle:
Es ist ratsam, dem Thema eine Ecke oder eine Wand in der Gruppe zu widmen. Hierzu gestaltet man mit den Kindern den Bereich und schmückt ihn mit Basteleien, Büchern, Spielen und sämtlichem Material, das zum Thema „Baustelle" passt. Der Ort sollte für die Kinder gut zugänglich sein und ihrem freien, kreativen, themenbezogenen Spiel Platz bieten. Das bedeutet, dass hier rollenspieltaugliches Material, wie etwa Baustellenschilder, Helme, Bausteine, Lego®steine oder Fahrzeuge vorhanden sein sollten. Mit Möbeln oder den gebastelten Mauersteinen (s. S. 21) kann man den Baustellenbereich vom Rest der Gruppe abgrenzen und gleichzeitig einen neuen Spielraum schaffen. Im Laufe der Zeit wird der Bereich oder die Wand mit Basteleien, Fotos und anderem vervollständigt. Es wäre schön, wenn die Eltern auch einen Zugang zur Ecke erhalten könnten, denn dann können sie die Themen mitverfolgen und vor allem auch zu Hause aufgreifen, was einen immensen Fördereffekt beinhaltet.

Erstellen eines Portfolios:
Es bietet sich an, mit den Kindern Portfolios zu diesem Projektthema in Ordnern oder Schnellheftern anzulegen. Darin sollten alle Bilder, Basteleien und Fotos eingeheftet werden. Ein schönes Deckblatt vollendet die individuelle Dokumentation jedes Kindes. Am Ende der Projektzeit kann jedes Kind sein Portfolio mit nach Hause nehmen.

Allgemeine Organisation:
Das Projekt ist so ausgelegt, dass einige Angebote auf den Geschichten (s. S. 7–8) basierend durchgeführt werden können. Dies erhöht erfahrungsgemäß den Spannungsfaktor und die Kinder sind leichter zu motivieren.

Zudem dient die Einbindung der Geschichten dem spielerischen Effekt des Projektes und der Sprachförderung. Darüber hinaus kann man stets Bezug zu der jeweiligen Geschichte nehmen und damit, neben der Festigung des Wortschatzes, auch die Merkfähigkeit der Kinder trainieren. Selbstverständlich können alle Angebote auch ohne den Rahmen der Geschichten als Einzelangebote durchgeführt werden. In diesem Fall lassen Sie die dazugehörigen Bezüge bei den Angeboten einfach weg oder ersetzen sie durch eine eigene Geschichte.
Zur Beschaffung von Anschauungsmaterial können Sie beim örtlichen Bauamt nachfragen. Manchmal gibt es dort ausrangierte Schilder oder Lampen, die verschenkt oder verliehen werden. Für Warnwesten kann man auch beim ADAC oder bei der Polizei nachfragen.

Tipps und Anregungen zu den einzelnen Arbeitsblättern

Zum Umgang mit den Arbeitsblättern:
Diese Projektmappe enthält einige Arbeitsblätter, deren Aufgabenstellung Sie mit den Kindern in Kleingruppen besprechen oder vorlesen müssen. Für die Aufbewahrung der Arbeitsblätter empfehle ich, je nach Gruppensituation und organisatorischen Bedingungen, verschiedene Möglichkeiten:

- Ablagefächer (alternativ unifarben gestaltete Deckel von Kopierpapierkartons): Die Kinder haben so freien Zugriff auf die darin sortierten Arbeitsblätter und können ihre Aufgaben selbst auswählen.
- Jedes Kind verfügt über einen weiteren Schnellhefter, in den die Erzieherin regelmäßig nach Alter und Entwicklungsstand ausgewählte Arbeitsblätter (z. B. zwei Arbeitsblätter pro Woche) einheftet oder diese gemeinsam mit dem Kind aussucht. Die Kinder wählen die Zeit zur Bearbeitung entweder frei oder es gibt festgelegte Zeiten, innerhalb derer ein Kind seine Arbeitsblätter bearbeiten kann.
- Die fertiggestellten Arbeitsblätter werden im Schnellhefter oder in einer Sammelmappe / einem Sammelordner abgeheftet bzw. gehören als Anlage zur Bildungsdokumentation oder zum Portfolio.
- Es empfiehlt sich außerdem, einen (mit Geschenkpapier beklebten) Schuhkarton für andere gefertigte Objekte anzulegen.

Hinweise zu Ausflügen mit den Kindern:

- Die Strecke vorher abgehen, um eventuelle Gefahren zu erkennen und ggf. zu vermeiden.
- Informationen zu Versicherungen im Schadensfall oder bei Verletzungen einholen.
- Auf jeden Fall für genügend Begleitpersonen sorgen.
- Die Vorgesetzten über den Ausflug informieren, ggf. schriftliche Erlaubnis einholen.
- Einen Eltern-Infobrief aufsetzen, ggf. zum Ausfüllen für die Eltern, dass das Kind an dem Ausflug teilnehmen darf.
- Erste-Hilfe-Set mitnehmen.
- Telefonnummern der Eltern für den Notfall aufschreiben und mitführen.

Themenvertiefung im Freispiel:
Da auf einer Baustelle, bedingt durch die intensive Zusammenarbeit, viele Dialoge zwischen den Bauarbeitern entstehen, eignet sich das Thema sehr gut für Rollenspiele. Dazu stellt man den Kindern Materialien, wie zum Beispiel echte Bauarbeiterhelme oder andere Kleidungsstücke, kleine Fahrzeuge, Absperrband, Zollstöcke, Metermaße, Baustellenschilder oder Lampen, ggf. auch Sand oder Lehm zur Verfügung, die sie in einem solchen Spiel verwenden können. An einer Werkbank können die Kinder selbstständig schrauben, drehen und hämmern. Allerdings sollten zum Hämmern und Schrauben nur Spielzeugmaterialien verwendet werden, damit die Kinder allein und ohne Verletzungsgefahr arbeiten können. Vielen Kindern kommen schon beim Bauen neue Ideen, die sie mit einbringen. Haben Kinder keine Ideen, sind aber an einem solchen Rollenspiel interessiert, kann man ihnen helfen, indem man einen Dialog beginnt. Bitte versuchen Sie, die Ideen der Kinder in den Vordergrund zu stellen und alles, was im Rahmen des Freispiels realisierbar ist, zu ermöglichen. Bedenken Sie, dass das Freispiel die Zeit der Kinder ist, in der sie spielen dürfen, wie sie möchten. Man kann Kindern zwar Spielvorschläge unterbreiten, sollte sie ihnen aber auf keinen Fall

Vorbemerkungen und Arbeitshinweise

aufzwingen oder versuchen, das Spiel zu lenken. Es ist sinnvoll, von den Spielen Fotos zu machen und diese auszudrucken. Auf die Themenwand geklebt, können sich die Kinder ihr Spiel wieder ins Gedächtnis rufen und auch die Eltern sehen, wie produktiv das Freispiel ist.

Zu „Einführung in das Thema – Gesprächskreis“, S. 6 und „Wissenswertes rund um die Bauarbeiter – Gesprächskreis“, S. 9:
Es ist sinnvoll, den Raum, in dem Gesprächskreise stattfinden, in einer entspannten Atmosphäre zu gestalten. Räumen Sie dafür alle störenden oder ablenkenden Bilder und Gegenstände weg. Mit ein paar Materialien, wie zum Beispiel Schaufel, Eimer, Betonmischer usw., ziehen Sie sicher das Interesse der Kinder schneller auf das Angebot.

Zu „Musikalische Bildung“, ab S. 13:
Als weiteres Lied bietet sich das bekannte Kinderlied „Wer will fleißige Handwerker seh'n“ an.

Allgemeine Information zu den Bastelarbeiten im Bereich „Ästhetische Erziehung“, ab S. 15:
Fotografieren Sie die Materialzusammenstellung und jeden einzelnen Arbeitsschritt. Kleben Sie die ausgedruckten Fotos mit der dazugehörigen schriftlichen Arbeitsanweisung auf DIN-A5-Karten, nummerieren Sie die Karten in der richtigen Reihenfolge und laminieren Sie diese. So erhalten Sie bebilderte Karten, die Ihre Kinder zum selbstständigen Arbeiten motivieren. Kinder niemals mit dem Cuttermesser allein arbeiten lassen. Nach Möglichkeit sollten die Erzieherinnen diese Schneidearbeiten erledigen.

Zu den Rezepten im Bereich „Gesundheit und Ernährung“, ab S. 27:
Zu den Rezepten finden Sie auf der Seite 29 Bilder mit allen bei diesen Rezepten verwendeten Zutaten und Haushaltsgeräten sowie Pfeilen, mit deren Hilfe Sie die Rezepte bei Bedarf als großes Plakat gestalten können. Vergrößern Sie dazu die benötigten Zeichnungen auf dem Kopierer. Mit den vorhandenen Bildern können Sie auch Bildrezepte auf einem DIN-A4-Blatt erstellen, für jedes Kind kopieren und in einem Schnellhefter sammeln. So erhalten die Kinder eine eigene Bild-Rezepte-Mappe.
Achtung: Bitte achten Sie bei den Rezepten auf eventuelle Lebensmittelunverträglichkeiten der Kinder!

Zu den Bewegungsangeboten im Bereich „Körpererfahrung und Bewegung“, ab S. 43:
Bei Angeboten, wie zum Beispiel den Bewegungslandschaften, ist es ratsam, von den Aktivitäten mehrere gleichzeitig anzubieten, damit zwei oder drei Kinder parallel arbeiten können. Zu lange Wartezeiten führen oftmals zu Demotivation, sodass die Kinder schnell die Lust an solchen Angeboten verlieren.

Angebots- und Freispieltipps:
Es gibt im Handel verschiedene Baumaterialien zu erwerben, die zwar in der Anschaffung recht kostspielig, aber sehr langlebig sind und den Kindern ein intensives Baustellenspiel ermöglichen. Hier ist auch ein Blick ins Internet, zum Beispiel bei Online-Gebrauchtwarenhändlern, empfehlenswert.
Insbesondere die Auseinandersetzung mit den kleinen Backsteinen regt die Kinder erfahrungsgemäß zum Konstruktionsspiel an. Da die Materialien immer wieder verwendbar sind, lassen sie sich gut ins Freispiel integrieren. Auf folgenden Websites findet man geeignete Baumaterialien zu dem Thema:

- *www.anker-bausteine.de*
- *www.teifoc.de*
- *www.experimentiershop.de*
- *www.miroflor.de*
- *www.buttinette.com*
- *www.miniaturziegel.de*
- *www.vedes.com* (hier findet man auch Baufix, das ist Holzspielzeug zum individuellen Zusammenbauen)
- *www.kapla.com* (flache Holzbausteine)

Einführung in das Thema – Gesprächskreis (ab 4 Jahren)

Material:
1 Bauarbeiterhelm, Spielzeugbaustellenfahrzeuge / Sandspielzeug (wie z. B. Bagger, Planierraupen oder Betonmischer), Geschichte „Elias und Lena entdecken eine Baustelle“ (s. S. 7), Sitzkissen

Vorbereitung:
Aus den Sitzkissen einen Kreis legen und die Materialien in die Mitte legen.

Arbeitsanleitung:
Die Kinder werden in den Sitzkreis eingeladen. Dort lässt man ihnen einen Augenblick Zeit, die Gegenstände zu betrachten. Anschließend fragt man sie, was sie dort sehen, und beginnt so den Gesprächskreis. Die Kinder versuchen, die Gegenstände zu beschreiben und auch gleich deren Funktion zu erläutern.
Beispiele:

- Den Helm trägt man auf einer Baustelle, um den Kopf vor herunterfallenden Dingen zu schützen.
- Der Betonmischer bereitet den Beton für den Hausbau vor.
- Der Bagger ist nötig, um ein Loch auszuheben.

Wenn Sie verschiedene Fahrzeuge zur Verfügung haben, kann man hier direkt ihren Nutzen und ihre Erkennungsmerkmale herausarbeiten.
Außerdem sollte auf Vorerfahrungen und Fragen der Kinder eingegangen werden, um die Kinder aktiv einzubeziehen und sie außerdem zum Sprechen zu animieren.
Hier können Fragen gestellt werden, wie zum Beispiel:

- Wer war alles schon einmal auf einer echten Baustelle bzw. hat eine gesehen?
- Was wurde dort repariert oder gebaut?
- Welche Dinge konntest du dort entdecken?
- Hast du irgendetwas Bestimmtes gerochen oder war es laut dort?

Des Weiteren sollte die Baustelle selbst thematisiert werden, wie zum Beispiel:

- Was ist eine Baustelle?
- Was passiert dort?
- Wer arbeitet dort und was arbeitet man dort?
- Mit welchen Dingen wird gearbeitet?

Anschließend kann man die Geschichte „Elias und Lena entdecken eine Baustelle“ vorlesen.

Hinweis:
Falls Sie zufällig eine Baustelle in der Nähe des Kindergartens haben, können Sie auch einen Spaziergang dorthin als Einführung machen. Direkt vor Ort können die Kinder das Geschehen auf dem Bauplatz beobachten und Sie knüpfen später einfach daran an. Dies hat den Vorteil, dass die Kinder in der Regel schon motiviert sind, an dem Projekt teilzunehmen, und es hätten alle Kinder eine echte Baustelle gesehen.

1. Geschichte: Elias und Lena entdecken eine Baustelle (ab 3 Jahren)

„Elias, beeil dich", ruft Mama aus dem Flur. „Lena und Saskia warten auf uns."

„Ja Mama, ich bin doch schon da", antwortet der fünfjährige Junge. Er und seine Mutter haben sich nämlich mit seiner Kindergartenfreundin Lena und ihrer Mutter verabredet. Sie wollen auf den Spielplatz gehen.

Dort angekommen, entdeckt Elias sofort Lena, die schon im Sandkasten buddelt.

Als Elias neben ihr sitzt, bemerkt er den Krach, der von einer Baustelle neben dem Spielplatz kommt.

Er sieht in die Richtung und entdeckt ein paar Männer, die mit leuchtend gelben Helmen dort arbeiten.

„Hallo Lena. Du, was machen die denn da?", fragt er und zeigt auf die Baustelle.

„Ich weiß nicht", zuckt Lena mit den Schultern. „Das geht schon eine ganze Weile so."

„Komm, lass uns mal schauen", fordert Elias sie auf.

Beide rennen zum Zaun, der den Spielplatz umgibt und haben nun eine tolle Aussicht auf das Geschehen. Viele Männer arbeiten mit verschiedenen Werkzeugen, zwei Betonmischer stehen mitten auf dem Platz und rühren den Beton an. Ein Mann fährt mit so einem komischen Ding herum, das vorn eine große Rolle vor sich herschiebt. Drei Bagger stehen in einem riesigen Loch und schaufeln weitere Erde heraus. Es sieht ziemlich chaotisch hier aus. Überall liegen Steine, Sand, Erde, Rohre, Eimer und Metallgestelle herum. Die Maschinen wirbeln den ganzen Staub auf, sodass die Männer alle recht schmutzig aussehen.

Ein paar von ihnen stehen zusammen und schauen auf ein großes Stück Papier.

„Wow", flüstert Elias und schaut ganz gespannt zu. Auch Lena beobachtet alles mit großen Augen.

„Was die da wohl bauen?", fragt sie.

Elias zuckt mit den Schultern. „Vielleicht ein Haus? Oder einen Turm, von dem aus man die ganze Stadt sehen kann. Oder vielleicht kommt hier ein neues Spielzeuggeschäft hin? Das wäre schon echt toll."

Einer der Bauarbeiter blickt auf und sieht die Kinder am Zaun stehen. Er hebt die Hand und winkt.

„Ui, schau mal, der winkt uns", ruft Elias und winkt begeistert zurück.

Dann kommt der Mann schnellen Schrittes zu ihnen gelaufen und lächelt freundlich.

„Hallo, ihr zwei. Na, schaut ihr uns gerade zu?", fragt er. Elias und Lena nicken.

„Ja. Was baut ihr denn da?", fragt Lena.

Der Bauarbeiter deutet auf das große Loch und erklärt: „Wir bauen ein Haus!"

„Und was ist das für ein Ding?", fragt Lena weiter und zeigt jetzt auf das Fahrzeug, das die Rolle vor sich herschiebt.

„Das ist eine Planierraupe. Sie walzt den Boden platt, damit wir bald mit dem Keller anfangen können. Das heißt, natürlich müssen wir erst die Rohre verlegen." Er zeigt auf einen großen Stapel langer Rohre. „Das sind die Wasser- und Abwasserrohre, die in den Boden müssen, bevor der Keller gebaut wird."

„Elias!", ruft da seine Mutter. Der Junge dreht sich um und antwortet dann: „Oje. Ich muss schnell zu meiner Mama. Ich darf eigentlich nicht mit Fremden sprechen."

Der Mann lächelt: „Ja, das ist auch richtig so. Sag doch deiner Mama, dass sie auch herkommen und zuschauen kann. Dann kann ich ein paar eurer Fragen beantworten. Ich habe nämlich noch etwas Pause."

Und schon flitzt der Junge zu seiner Mutter. Er spricht kurz mit ihr und kommt dann zurück. Er beginnt, dem Bauarbeiter eine Frage nach der anderen zu stellen. „Wie baut ihr denn den Keller und aus was wird der Keller gebaut? Was macht ihr mit dem Beton, den der Betonmischer gerade anrührt? Und warum ist es hier so unordentlich?"

„Wohoho", hebt der Mann lachend die Arme. „Das sind aber viele Fragen! Eine nach der anderen."

„Dürfen wir mal rüberkommen?", fragt Lena. „Nein, tut mir leid, das ist leider zu gefährlich", antwortet der Bauarbeiter.

„Warum ist das gefährlich?", fragt Lena.

„Weil hier überall große, spitze Steine liegen und es kann immer mal sein, dass ein Kollege vergessen hat, ein Werkzeug aufzuräumen. Außerdem kann man in die Baugrube fallen und sich sehr übel verletzen. An den Fahrzeugen übrigens auch."

„Oje, also kann man sich hier an sehr vielem schlimm wehtun, oder?", fragt Elias und sieht sich vorsichtig um.

„Allerdings!" Und dann beantwortet der Mann alle Fragen der Kinder.

2. Geschichte: Papa lernt Bauarbeiten (ab 3 Jahren)

Am nächsten Nachmittag spielt Elias draußen in seinem Sandkasten. Neben ihm steht der Spielzeugbagger, den er gestern schon mit auf den Spielplatz nehmen wollte.
„Hallo, mein Junge", begrüßt ihn sein Vater, der soeben von der Arbeit nach Hause gekommen ist.
„Papa", ruft Elias und springt ihm in die Arme. „Schau mal, ich spiele gerade Baustelle."

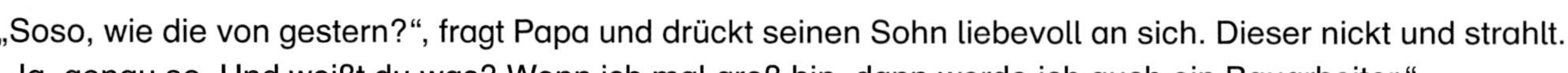

„Soso, wie die von gestern?", fragt Papa und drückt seinen Sohn liebevoll an sich. Dieser nickt und strahlt.
„Ja, genau so. Und weißt du was? Wenn ich mal groß bin, dann werde ich auch ein Bauarbeiter."
„Tatsächlich?", lächelt Papa. Elias nickt eifrig. „Ich kann schon richtig gut Löcher buddeln, weißt du."
„Ja, das weiß ich." „Magst du mitspielen, Papa?", fragt der Junge.
Sein Vater blickt an sich herunter. „Nun, dann muss ich mich aber vorher noch umziehen. So kann ich nicht im Sand buddeln."
„Okay." Elias hüpft von Papas Armen herunter und setzt sich wieder in den Sand. Derweil geht Papa ins Haus und zieht sich rasch um.
„So, da wäre ich wieder. Also, was kann ich tun?" Papa reibt sich erwartungsvoll die Hände.
Elias steht auf und reicht seinem Vater eine Schüssel aus Mamas Küche.
„Hier, die musst du anziehen. Sonst tust du dir am Kopf weh, wenn etwas herunterfällt. Alle Bauarbeiter haben Helme, also brauchen wir die auch."
Papa nimmt die Schüssel und sieht seinen Sohn fragend an. „Sag mal, hast du die Schüsseln etwa aus der Küche gemopst?" Jetzt kichert Elias und setzt sich seine Schüssel auf den Kopf.
Dann flüstert er: „Ja, aber nicht Mama sagen, okay?"
„Dann hoffen wir mal, dass Mama nichts bemerkt", flüstert Papa und setzt sich die Schüssel auf den Kopf.
„Also Papa. Als Allererstes darfst du nicht zu nah an die Baugrube herangehen, sonst fällst du hinein und wir müssen dich ins Krankenhaus fahren. Zweitens darfst du nicht ohne meine Erlaubnis an den Bagger gehen, sonst tust du dir noch weh. Ich muss dir erst genau erklären, wie man damit arbeitet. Und drittens musst du aufpassen, wo du hintrittst, okay?", erläutert ihm Elias ernst die Baustellenvorschriften.
Papa grinst. „Alles klar", antwortet er und nimmt eine Schaufel. „Dann fange ich mal an zu graben, wie?"
Jetzt schaut Elias verdattert. „Äh ... nein. Wir müssen uns erst überlegen, was wir überhaupt bauen wollen und dann müssen wir uns absprechen, wer hier was macht. So machen es die echten Bauarbeiter."
„Ach so, Entschuldigung. Das wusste ich nicht."
„Aber Papa", Elias stemmt die Hände die Hüften und schüttelt den Kopf. „Das ist wichtig, sonst machen nachher alle dasselbe und dann ist es doppelt gemoppelt."
„Hat dir das der Bauarbeiter erklärt?", fragt sein Vater. „Ja und noch so vieles andere."
Und dann sitzen Papa und Sohn im Sandkasten.
Elias zeigt seinem Vater, wie man mit dem Bagger arbeitet und erklärt ihm, dass man zuerst das Loch ausheben muss. Dann kommt die Planierraupe und plättet den Boden. Nun werden die Rohre verlegt und erst dann kann man mit dem Keller anfangen. Mit dem Betonmischer verrührt Elias Sand und Wasser und erklärt seinem Vater alles sehr genau.
Nach einer Stunde haben die beiden die Rohre mit Stöcken gelegt und mit Steinen und einem Gemisch aus Wasser und Sand ein Haus gebaut. „Puh", wischt sich Papa den Schweiß von der Stirn. „Anstrengend!"
„Hmm", nickt Elias.
„Elias! Robert! Essen ist fertig", ruft da Mama aus der Küche. Ein Glück, denn beide sind sehr hungrig.
Als sie die Hände gewaschen haben und am Küchentisch Platz nehmen, schaut Mama sehr streng.
„Habt ihr eine Idee, wo meine Salatschüsseln sind?"
Ertappt sehen sich Papa und Elias an. „Ähm ... die haben ihren Zweck gefunden", erklärt Papa.
Elias nickt und weil man nicht lügen darf, sagt er die Wahrheit. Und weil er die Wahrheit sagt, gibt es auch keinen Ärger. Aber weil er vorher hätte fragen müssen, müssen Papa und Elias abspülen. Aber das ist nicht schlimm. Das tun Bauarbeiter ja schließlich auch.

Wissenswertes rund um die Bauarbeiter – Gesprächskreis (ab 4 Jahren)

Material:
1 Bauarbeiterfigur (aus der Spielzeugkiste), verschiedene Baustellenfahrzeuge und -werkzeuge, wie zum Beispiel Maurerkelle, Hammer, Schrauben, Zollstock, Bauplan, Holz, Dachziegel, Betonmischer, Kran, evtl. Zement, Rohre, Bohrer, Kopiervorlage „Wissenswertes rund um die Bauarbeiter“ (s. S. 10)

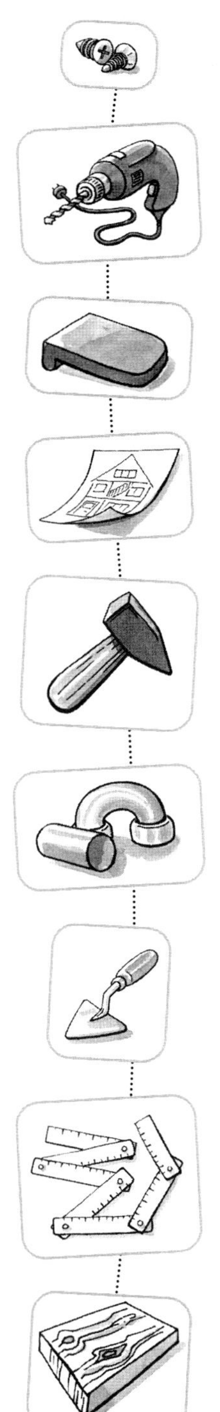

Vorbereitung:
Die Materialien müssen besorgt werden oder Bilder davon aus Prospekten herausgesucht werden. Es sollten nach Möglichkeit alle aufgezählten Gegenstände vorhanden sein, damit die Kinder alles vor Augen haben und die neuen Informationen besser behalten können. Idealerweise haben Sie eine Vielzahl der echten Gegenstände bereitliegen, welche die Kinder auch anfassen und teilweise später im Spiel verwenden dürfen.

Arbeitsanleitung:
Bitten Sie die Kinder in den Sitzkreis und lassen Sie sie die Materialien ansehen und überlegen, was man damit macht, bzw. was der Bauarbeiter für Aufgaben hat.

Was ist ein Bauarbeiter und was macht er?
Ein Bauarbeiter ist eine Person, die auf der Baustelle arbeitet. Es gibt Unterschiede, denn nicht jeder Bauarbeiter macht dasselbe. Auf der Baustelle arbeiten verschiedene Berufsgruppen, die ihre speziellen Aufgaben haben:
- Ein Zimmermann oder Zimmerer baut Holzgerüste und renoviert alte Gebäude.
- Ein Maurer baut/verputzt die Hauswände aus Mauersteinen und arbeitet mit Beton.
- Der Brunnenbauer verlegt die Rohre und sorgt für den richtigen Anschluss.
- Das Dach wird von einem Dachdecker gedeckt.

Meistens erkennt man Arbeiter an ihren Latzhosen mit den vielen praktischen Taschen und an den leuchtenden Helmen. Die Helme müssen auf jeden Fall in einer Farbe sein, die stets gut zu erkennen ist, also Gelb, Orange oder Rot.
Ein Bauarbeiter muss stark und kräftig sein, um mit den schweren Maschinen und Materialien arbeiten zu können. Er/Sie muss gut im Team arbeiten können, denn vieles kann man nur zu zweit oder zu dritt machen.

Welche Materialien benötigen die verschiedenen Bauarbeiter?
- Der Zimmerer braucht Holz, Hammer, Schrauben, Nägel, einen Zollstock und einen Bauplan.
- Der Maurer benötigt Zement, den er sich im Betonmischer mischt, einen Spatel, eine Maurerkelle, Mauersteine und eine Maurerpfanne.
- Ein Brunnenbauer braucht Rohre, Bohrer, Schrauben und einen Kran, um die Rohre in die Löcher heben zu können.
- Der Dachdecker benötigt Dachziegel, Hammer und Dämmmaterial, um das Dach, aber auch die Außenwände abzudichten.

Kopiervorlage „Wissenswertes rund um die Bauarbeiter“

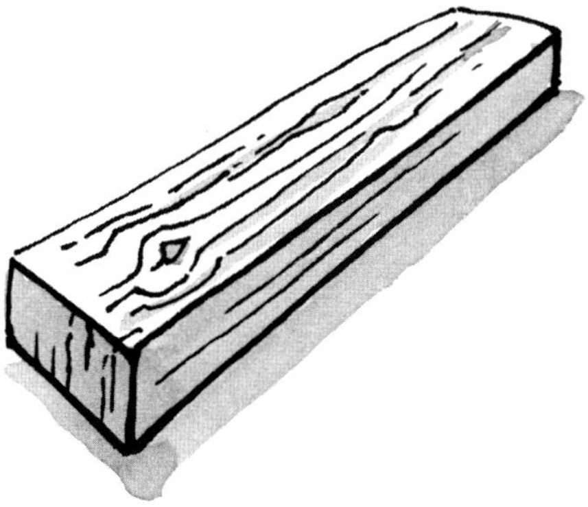

Der Zollstock ist weg! (ab 5 Jahren, für 2 Spieler)

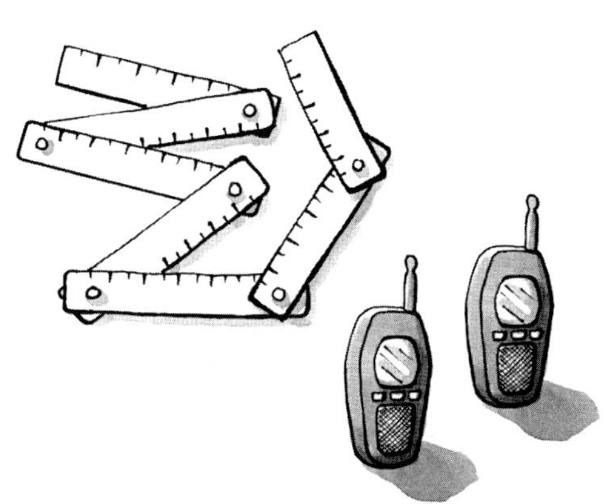

Material:
mind. 2 Walkie-Talkies (alternativ 1 Babyphon), 1 Zollstock

Vorbereitung:
Den richtigen Kanal auf den Walkie-Talkies einstellen, damit die Kinder ungestört miteinander kommunizieren können.
Falls keine Walkie-Talkies vorhanden sind, kann man auch ein Babyphon benutzen. Hier könnte man zum Beispiel Eltern fragen, ob sie eines als Leihgabe zur Verfügung stellen könnten.

Arbeitsanleitung:

1. Zwei Kinder erhalten je ein Walkie-Talkie. Ein Kind verlässt den Raum und das zweite versteckt den Zollstock irgendwo in der Gruppe oder im Außengelände. Wenn der Zollstock im Gruppenraum versteckt worden ist, geht das zweite Kind nach draußen vor das Fenster und lotst das erste Kind via Walkie-Talkie zum Zollstock. Spielt man das Spiel im Außengelände, begibt sich das zweite Kind in eine Ecke des Geländes und gibt von dort aus die Anweisungen.

2. Sobald der Zollstock versteckt ist und das zweite Kind seinen Platz eingenommen hat, versucht es, das erste Kind via Walkie-Talkie zum Zollstock zu führen. Das bedeutet, es muss präzise Angaben zur Richtung machen. Dabei kann es sagen: „Geh bitte drei Schritte nach vorn und dann einen Schritt zur Seite.“ Oder „Geh bitte zum Bücherschrank und von da aus zum Spieletisch.“ usw.

In diesem Spiel geht es um Sozialverhalten, Teamfähigkeit, Orientierungssinn, aber auch um Sprachverständnis und Sprachgebrauch. Das lotsende Kind muss genaue Angaben machen und das suchende Kind muss sehr genau zuhören und die Anweisungen umsetzen. Geben Sie den Kindern aber bitte auch die Gelegenheit, sich eigenständig und explorativ mit den Geräten zu befassen.

Hierbei geht es auch darum, sich mit dem Medium Funkgerät vertraut zu machen. Bauarbeiter kommunizieren oft über Funkgeräte, um sich über aktuelle Bauzustände zu informieren oder um sich gegenseitig Aufträge zu geben. Bei diesem Spiel lernen die Kinder, mit der Technik umzugehen und sie richtig zu gebrauchen. Im direkten Austausch mit dem Partner erleben sie, wie man sprechen muss, damit das Gesagte auch ankommt.

Zudem können die Kinder u. a. folgende sprachliche Erfahrungen sammeln:

- Wie laut oder leise muss ich sprechen?
- Was hört mein Gegenüber, wenn ich mit der Stimme hoch oder tief spreche?
- Hört mein Gegenüber Geflüster und wenn ja, wie laut?
- Wie weit kann ich mich von meinem Partner entfernen, um noch mit ihm sprechen zu können?

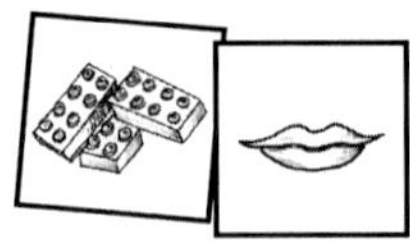

Mitmach-Geschichte (ab 2 Jahren)

Material:
die Geschichte (s. u.)

Arbeitsanleitung:
Die Kinder stehen zusammen in einem Kreis. Sie lesen oder erzählen die nachfolgende Geschichte, welche die Kinder mit Bewegungen oder Geräuschen begleiten. Am besten machen Sie selbst die Geräusche und Bewegungen mit.

Auf der Baustelle
Morgens früh um 8 Uhr beginnen die Arbeiten auf der Baustelle. Alle Bauarbeiter treffen sich am Bauwagen zur ersten Besprechung des Tages. Manche gähnen noch **(alle gähnen und strecken sich),** aber wach sind sie alle schon. Der Bauleiter verteilt die Aufgaben **(mit dem Zeigefinger auf die anderen zeigen)** und dann geht jeder Bauarbeiter an seine Arbeit **(auf der Stelle gehen).** Kurz darauf beginnt der Lärm so laut, dass sich manche Leute wohl die Ohren zuhalten würden **(Hände auf die Ohren legen),** aber die Männer sind das gewohnt. Manche setzen sich trotzdem zum Schutz Kopfhörer auf die Ohren **(imaginären Kopfhörer aufsetzen)** und natürlich ziehen sie sich auch ihre Helme über **(imaginären Helm aufsetzen),** man weiß ja nie, ob nicht doch etwas von oben herunterfällt. So, nun sind alle bereit. Einer der Brunnenbauer springt in die Baugrube **(einmal auf der Stelle hüpfen)** und schnappt sich die Hacke **(nach etwas greifen).** Dann beginnt er, den Boden aufzuhacken **(Hände im Faustgriff übereinanderlegen und auf etwas hacken),** damit der Bagger die lockere Erde abtragen kann. Andere Brunnenbauer tragen Rohre **(Hände vor den Körper halten und schwer atmend etwas tragen)** oder steuern den Kran, der die großen Rohre in die Grube hebt **(mit den Fingern so tun, als ob man einen Joystick bedient).** Sobald der Bagger den Großteil der Erde abgetragen hat, müssen die Brunnenbauer noch ein paar Vertiefungen mit der Schaufel graben **(etwas halten und gleichzeitig schaufeln),** um die Rohre genau platzieren zu können. Erst dann werden die Rohre in die Vertiefungen gelegt und miteinander verbunden **(Hände zum Faustgriff formen und leicht aneinanderstupsen).** Währenddessen rührt der Maurer den Mörtel an. Dazu kippt er Pulver in den Betonmischer **(mit beiden Händen etwas greifen und die Arme kippen)** und natürlich kommt auch Wasser dazu **(imaginäre Gießkanne halten und die Hand kippen).** Dann rührt der Betonmischer alles zusammen **(mit einem Arm kreisende Bewegungen durch die Luft machen).** Wenn der Mörtel fertig ist, nimmt sich der Maurer ein paar Steine und die Maurerkelle **(nach etwas greifen)** und beginnt, den Mörtel auf die Steine zu streichen **(Streichbewegungen machen).** Dann setzt er neue Steine auf die erste Reihe **(seitlich nach etwas greifen und vor sich wieder ablegen)** und weiterer Mörtel wird aufgestrichen **(Streichbewegungen machen).** Neben dem Maurer arbeitet der Zimmerer. Er setzt gerade das erste Holzgerüst zusammen. Dazu misst er erst einmal die Holzbalken aus **(Finger im Zügelgriff halten und die eine Hand längs von der anderen wegbewegen).** Dann nimmt er Nägel und Hammer und nagelt die Balken zusammen **(Hand im Faustgriff und diese auf und ab bewegen).** Währenddessen sitzt der Bauleiter im Bauwagen und überwacht die Baustelle **(Handfläche über die Augen halten und durch die Gegend schauen).** Alle seine Arbeiter sind fleißig und erst gegen Mittag klingelt er mit der Pausenglocke **(Daumen und Zeigefinger aufeinanderdrücken und hin und her wackeln).** Müde und verschwitzt **(mit der Handfläche über die Stirn wischen)** setzen sich die Bauarbeiter und packen ihre mitgebrachten Brote aus **(etwas auspacken).** Sie essen **(Hand zum Mund führen)** und trinken reichlich **(Hand im Faustgriff zum Mund führen).** Nach etwa einer halben Stunde geht die Arbeit bis in die Abendstunden weiter. Kein Wunder, dass alle Bauarbeiter abends todmüde ins Bett fallen und schnell einschlafen **(flache Hand an die Wange legen und die Augen schließen).**

Doch welcher Bauarbeiter fehlt denn hier? **(Zeigefinger ratlos an den Mund legen und die Kinder abwartend ansehen).**

Na der Dachdecker natürlich! Der muss aber erst einmal warten, bis das Haus steht, bevor er arbeiten kann.

Klanggeschichte: Auf der Baustelle (ab 4 Jahren)

Material:
2–4 Paar Klanghölzer, 1 Becken, 2 Tamburine mit Stab, 1 Xylofon mit Stab, 1 Triangel

Vorbereitung:
Einen geräuscharmen Raum auswählen.

Arbeitsanleitung:
Zuerst überlegt man mit den Kindern, was für Geräusche auf einer Baustelle zu hören sind. Dabei versuchen Sie zu erklären, welche Maschine sich wie anhört, und welche Geräusche die einzelnen Tätigkeiten verursachen.
Dann darf jedes Kind ein Musikinstrument auswählen und sagen, welchem Baustellengeräusch das Instrument ähnelt.
Beispiel: Das Klopfen auf den Klanghölzern klingt wie ein Hammerschlag oder das Aneinanderreiben des Beckens klingt wie das Verreiben des Mörtels auf den Steinen.
Im Anschluss liest man den Kindern erst die Geschichte vor und weist an den entsprechenden Stellen jeweils ein Kind an, sein Instrument zu spielen. Das Tamburin hat eine Doppelrolle, sodass ein Kind die Aufgabe bekommt, mit dem Stab kreisend-streichende Bewegungen darauf zu machen und das andere muss laut darauf schlagen.
Nun spielt man die Geschichte ein zweites Mal durch.

Geschichte:

Elias und Lena stehen am Bauzaun und schauen auf die Baustelle. Mannomann, wie laut es dort ist!	*Alle spielen gleichzeitig auf ihren Instrumenten.*
Sie entdecken drei Männer, die mit einem Hammer ein Holzgerüst zusammenbauen.	*Fünfmal mit den Klanghölzern aufeinanderklopfen.*
Ein Betonmischer steht am Rande und die Trommel dreht sich laut.	*Mit dem Stab über das Tamburin kreisen.*
Zwischendurch hört man auch den Maurer, wie er den Putz über die Wände streicht.	*Die Becken aneinanderreiben.*
Plötzlich kracht ein Holzbalken um. Es knallt gewaltig, sodass Elias und Lena erschreckt zusammenfahren.	*Einmal kräftig auf das Tamburin schlagen.*
Da kommt ein Lastwagen herangefahren.	*Mit dem Stab über das Tamburin kreisen.*
Er transportiert viele Rohre, die alle gegeneinanderscheppern.	*Mit dem Stab zweimal über das Xylofon fahren.*
Der Kran steuert seinen Haken an den Laster heran, sodass die Rohre mit Seilen darangebunden werden können.	*Mit dem Stab über das Tamburin kreisen.*
Währenddessen hämmern die Dachdecker am Dachstuhl.	*Fünfmal mit den Klanghölzern aufeinanderklopfen.*
Elias und Lena schauen sich an. Es ist wirklich sehr laut hier.	*Alle spielen gleichzeitig.*
Plötzlich ruft Mama die Kinder zu sich. Kaum sitzen die beiden, kehrt Ruhe ein. Es ist Mittagspause und alle entspannen sich.	*Auf der Triangel spielen.*

Lied: Zieht hoch eure Ärmel, setzt auf euren Helm (ab 2 Jahren)

Text: Cornelia Emde
Melodie: traditionell nach „Zeigt her eure Füße“

Refrain: Zieht hoch eure Ärmel, setzt auf euren Helm und werdet die fleißigen Arbeiter nu!	*Mit einer Hand über einen Arm streichen und dasselbe mit dem anderen Arm wiederholen. Dann einen imaginären Helm aufsetzen.*
1. Strophe: Wir graben, wir graben, wir graben die Rohre ein. Wir graben, wir graben, wir graben die Rohre ein.	*Finger krümmen und grabend auf und ab bewegen.*
2. Strophe: Wir hämmern, wir hämmern, wir hämmern das Gerüst aus Holz. Wir hämmern, wir hämmern, wir hämmern das Gerüst aus Holz.	*Einen Faustgriff machen und auf und ab bewegen. Gleichzeitig mit der anderen Hand eine imaginäre Holzlatte halten.*
3. Strophe: Wir mauern, wir mauern, wir mauern die Wände hoch. Wir mauern, wir mauern, wir mauern die Wände hoch.	*In kreisenden Bewegungen die flachen Hände auf und ab bewegen.*
4. Strophe: Wir decken, wir decken, wir decken das ganze Dach. Wir decken, wir decken, wir decken das ganze Dach.	*Finger im Zügelgriff und von der Seite nach vorn in Gesichtshöhe bewegen, so als ob man Ziegelsteine vor sich ablegt.*
5. Strophe: Wir graben, wir legen und hämmern den ganzen Tag. Wir mauern, wir decken und mischen den ganzen Tag.	*Erst mit gekrümmten Fingern graben, dann mit flachen Händen über die Knie streichen und die Hand im Faustgriff auf und ab bewegen. Mit den Handflächen kreisende Bewegungen machen; die Finger im Zügelgriff von der Seite nach vorn ziehen; zuletzt Knetbewegungen mit den Fingern machen.*

Bauarbeiterhelme basteln (ab 3 Jahren)

Material:
viel Zeitungspapier, für jedes Kind 1 Luftballon, Kleister, gelbe oder orangefarbene Fingerfarbe, Pinsel, Farbtöpfchen, Maldecken, Malkittel, Scheren, 1 Nadel, 1 Eimer, 1 Rührstab, für jeden Helm 1 Becher

Vorbereitung:
Der Kleister wird nach Packungsanleitung angerührt. Die Luftballons in der Größe der Köpfe der Kinder aufblasen. Der Arbeitsplatz wird mit Maldecken ausgelegt und die Kinder ziehen ihre Malkittel an.

Arbeitsanleitung:

1. Das Zeitungspapier wird in Stücke gerissen und in die Mitte des Tisches gelegt.

2. Der Kleister wird auf den Ballon aufgepinselt. Dann werden die Papierschnipsel darauf festgestrichen. Es ist ratsam, den Ballon flächenweise einzukleistern und mit dem Papier zu bestreichen, damit der Kleister nicht unnötig trocknet. Mit dem Kleister und dem Papier wird etwa drei Viertel des Ballons in mehreren Lagen bestrichen. Je mehr Lagen Papier auf dem Ballon sind, umso stabiler wird er hinterher.

3. Nun muss der Kleisterballon einige Stunden trocknen. Dazu legt man den Ballon auf einen Becher. So kann er von allen Seiten trocknen, ohne irgendetwas zu beschmutzen.

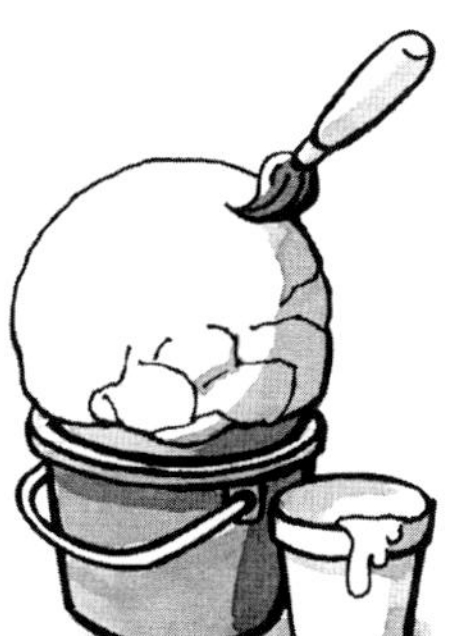

4. Wenn der Kleister vollständig getrocknet ist, kann man den Ballon aus der Form lösen. Dazu piksen Sie mit einer Nadel in den Ballon, damit er sich langsam verkleinert oder zerplatzt.

5. Nun wird jeder Helmrand so weit abgeschnitten, bis der Helm dem Kind gut passt.

6. Anschließend kann der Helm mit der Fingerfarbe entweder in Gelb oder in Orange bemalt werden. Hierbei kann man noch einmal die Bedeutung der Farbauswahl erläutern. Bauarbeiterhelme sollten eine deutlich erkennbare Farbe haben, damit die Bauarbeiter sich auf einer Baustelle immer sofort sehen können und somit Unfälle durch „Nichtgesehen“ vermieden werden. Außerdem signalisieren die Helmfarben in manchen Firmen auch die Position des Bauarbeiters. Gelb/Orange ist für die Bauarbeiter, die roten Helme sind für die Gäste (z. B. die zukünftigen Hausbesitzer) und die Chefs tragen meist weiße Helme.

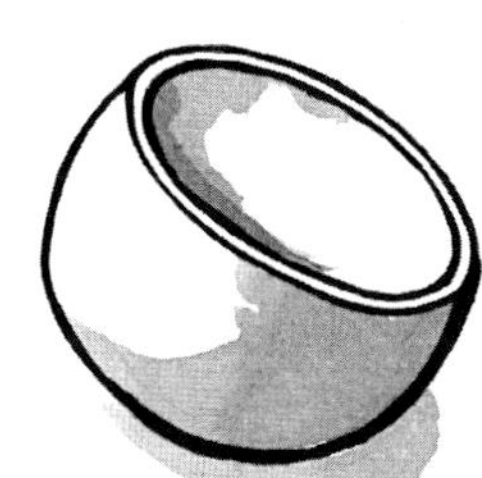

Baustellenfahrzeuge basteln (1) (ab 4 Jahren)

Kran

Material:
pro Kind: 1 leere, lange Papprolle (Geschenkpapier) und 2 leere Küchenpapprollen, 1 Schuhkarton oder 1 ähnliche Box, 4–6 handgroße Steine, 2 Musterklammern, 1 kleiner stumpfer, abgerundeter Haken, Klebstoff/Klebefilm, 1 Lineal, gelbe oder orangefarbene Fingerfarbe, 2 m reißfeste dünne Wolle, 1 kleiner Nagel (ca. 3 cm Länge), 1 Prickelnadel und 1 Prickelmatte, 1 Schere, 1 Pinsel, Farbtöpfchen, Maldecken, Malkittel

Vorbereitung:
Die Maldecke auf dem Arbeitsplatz ausbreiten.

Arbeitsanleitung:

1. Zuerst klebt man die beiden Küchenpapprollen zusammen, damit sie eine lange Röhre ergeben. Dann schneidet man an einem Ende zweimal parallel zueinander etwa 2,5 cm in die Röhre hinein. Der Abstand der beiden Schnitte sollte ca. 2 cm betragen. Hier wird später die Geschenkpapierrolle über Eck befestigt.

2. Alle Papprollen und der Schuhkarton werden mit der Fingerfarbe angemalt.

3. Sobald die Farbe getrocknet ist, wird der Nagel in Höhe von 20 cm in ein Ende der Geschenkpapierrolle gedrückt. Es sollte noch gut 1 cm des Nagels mit Nagelkopf herausgucken, denn hier wird später die Wolle aufgewickelt.

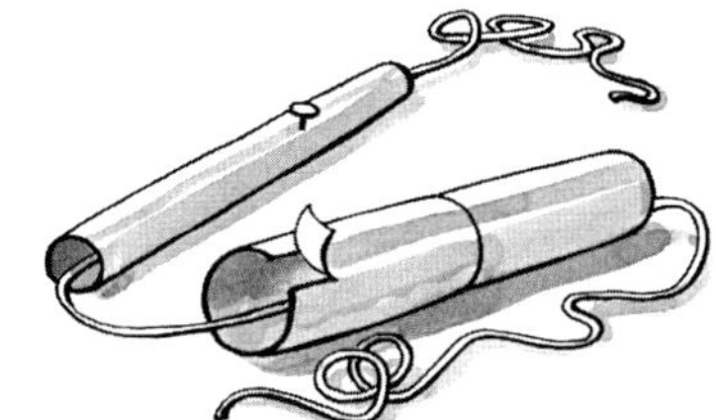

4. Nun wird die Wolle durch alle Pappröhren gezogen. Bitte achten Sie darauf, dass die Papprollenseite mit dem Nagel außen liegt (denn das ist der untere Teil des Krans) und das Ende der anderen Papprolle (mit dem Einschnitt) an die Geschenkpapierrolle grenzt.

5. Der zuvor gemachte Einschnitt der Küchenpapprolle wird zu 90° Grad umgebogen und mit einer Musterklammer am oberen Ende (nicht die Seite mit dem Nagel) der Geschenkpapierrolle befestigt. Eine zweite Musterklammer daneben einstecken, um die Ecke stabiler zu halten. Vorher mit der Prickelnadel Löcher einstechen, um die Musterklammern hindurchführen zu können.

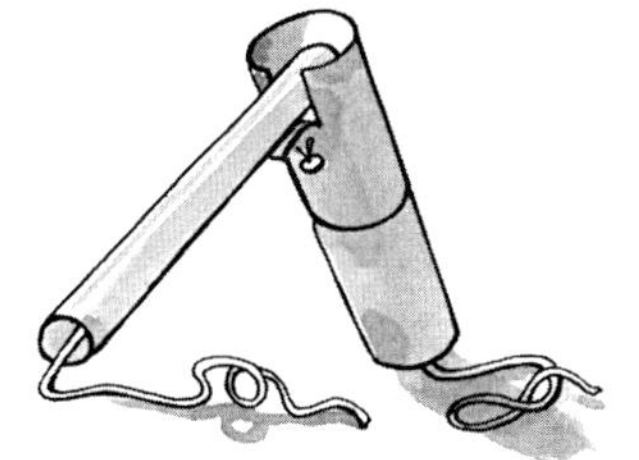

6. Das Gerüst des Krans ist fertig. Das eine Ende der Wolle wird außen um den Nagel gewickelt und am anderen Ende der Wolle knotet man den kleinen Haken fest.

7. Dann schneidet man in den Deckel des Schuhkartons ein Loch mit dem Durchmesser der Pappröhre. Die Steine legt man zum Beschweren in den Karton.

8. Der Kran wird in das Loch gesteckt und sollte nicht umkippen können. Falls sich die Wolle nicht mehr auf und ab bewegen lässt, macht man unten in die Geschenkpapierrolle auch noch einen Einschnitt und knickt diesen um, sodass sich der Faden wieder locker hin- und herziehen lässt.

9. Ist mit dem Faden alles in bester Ordnung, sollte der Deckel auf die Kartons geklebt werden. Wenn die Papprollen nach längerem Spielen zu locker werden, kann man sie mit Hilfe von Holzstäben und Stopfmaterial (Zeitungspapier) stützen. Hierbei aber bitte auf die Beweglichkeit des Garns achten.

Baustellenfahrzeuge basteln (2) (ab 4 Jahren)

Betonmischer / Kipplader

Material (pro Betonmischer / Kipplader):
1 Pappe (15 x 20 cm), Hartpappstreifen von etwa 8 cm Länge und 2 cm Breite, 1 kleine Pappbox (z. B. 1 Teepackung – für den Kipplader werden zwei Teepackungen benötigt), 1 leerer Joghurtbecher (500 g), 5 Musterklammern, 4 Bierdeckel, 1 Bleistift, 1 Trinkglas, 1 Schere, Fingerfarbe (Farben individuell auswählbar), Pinsel, Klebstoff, 1 Prickelnadel und 1 Prickelmatte, Maldecken, Malkittel

Vorbereitung:
Den Arbeitsplatz mit Maldecken auslegen.

Arbeitsanleitung:

1. Zuerst werden die Reifen zurechtgeschnitten. Dazu stellt man das Trinkglas auf einen Bierdeckel und zeichnet den Rand nach. Anschließend wird der Kreis ausgeschnitten. Mit den anderen drei Bierdeckeln verfährt man genauso.

2. Die vier Reifen, die kleine Pappbox und der Joghurtbecher werden mit der Fingerfarbe angemalt. Falls die Farbe auf dem Joghurtbecher nicht haften bleibt, kann man auch farbige Papierstreifen längs daraufkleben. Der Joghurtbecher ist die Trommel, in welcher der Beton zubereitet wird. Die kleine Pappbox ist das Führerhaus. Dementsprechend wird sie auch mit Fenstern, Lenkrad, Türen etc. bemalt.

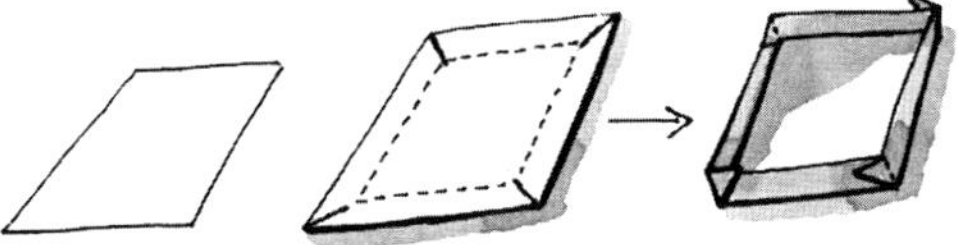

3. Während alles trocknet, kann man den Fahrzeugboden basteln. Dazu nimmt man die Pappe und schneidet jede Ecke diagonal 1 cm ein, sodass man die vier Seiten nach oben knicken kann. Die Ecken werden zusammengeklebt, sodass die Pappe einen Rand hat.

4. Sind die bemalten Teile trocken, kann man jeweils zwei Reifen mit den Musterklammern an den Längsseiten des zuvor geknickten Randes anbringen.

5. Die kleinere Pappbox (Führerhaus) wird nun vorn hochkant auf die Pappe geklebt.

6. Um die Trommel zu befestigen, wird der Hartpappstreifen benötigt. Diesen knickt man so um, dass eine Seite 3 cm und die andere 5 cm lang ist. Die 3 cm lange Seite wird mittig auf den Fahrzeugboden, mit einem Abstand von 5 cm zum Führerhaus, aufgeklebt. Nun sollte die 5 cm lange Seite hochkant stehen.

7. In das andere Ende des Pappstreifens (auf der 5 cm langen Seite) und mittig auf den Joghurtbecherboden wird mit der Prickelnadel ein Loch gebohrt und beide Löcher werden mit der fünften Musterkammer miteinander verbunden. Nun sollte der Joghurtbecherboden mit dem hochkant stehenden Pappstreifen verbunden und drehbar sein. Der Betonmischer ist fertig und spielbereit.

Hinweis:
Der Kipplader wird fast auf dieselbe Weise angefertigt. Anstelle des Joghurtbechers verwendet man jedoch eine zweite Teebox. Außerdem wird der Pappstreifen, der die Betontrommel hält, am Ende des Fahrzeuges befestigt und nicht unmittelbar hinter dem Führerhaus. Die Teebox wird an die 5 cm lange Seite getackert oder geklebt, sodass sie sich hoch- und runterklappen lässt. Die fünfte Musterklammer benötigt man für den Kipplader nicht.

Baustellenfahrzeuge basteln (3) (ab 4 Jahren)

Walze / Radlader

Material:
4 Bierdeckel, 1 leere Toilettenpapierrolle, 1 kleine Pappbox (z. B. 1 Teepackung), 2 Pappstreifen à 6 cm Länge, 6 Musterklammern, Fingerfarbe, 1 Schere, 1 Bleistift, 1 schwarzer Filzstift, Maldecken, Malkittel, 1 Prickelnadel und 1 Prickelmatte, Klebstoff

Vorbereitung:
Den Arbeitsplatz mit Maldecken auslegen.

Arbeitsanleitung:

1. Die vier Bierdeckel müssen zuerst verkleinert werden. Dazu malt man den Kreisumfang der Toilettenpapierrolle auf die Bierdeckel und schneidet ihn aus.

2. Dann werden die vier Kreise, die Toilettenpapierrolle und die Pappbox mit der Fingerfarbe bemalt. Die Box stellt das Führerhaus dar und mit dem schwarzen Stift werden Fenster und Türen aufgemalt. Die Toilettenpapierrolle ist die Walze. Zwei Bierdeckel werden als Reifen genutzt. Die anderen beiden werden zum Verschließen der Papprolle benötigt.

3. Sind die Teile getrocknet, werden sie zusammengefügt. Dazu befestigt man mit jeweils einer Musterklammer je einen Reifen links und rechts unten mittig am Führerhaus. Hier ggf. mit der Prickelnadel die Löcher vorstechen. Die beiden Pappstreifen werden mit Musterklammern seitlich unterhalb der Türen auf der Pappbox befestigt, sodass sie wie zwei ausgestreckte Arme aussehen.

4. Nun wird an jedes Ende der Pappstreifen ein Bierdeckelkreis mit einer Musterklammer befestigt und die Toilettenpapierrolle zwischen die beiden Scheiben geschoben und festgeklebt. Falls sich die Walze nicht richtig drehen lässt, müssten die Löcher in den Scheiben vergrößert werden, damit die Musterklammer Platz hat, sich zu drehen.

Hinweis:
Der Radlader wird fast genauso angefertigt. Zunächst werden Führerhaus, Reifen und der Pappstreifen mit den Musterklammern und Bierdeckelkreisen daran wie oben beschrieben angefertigt. Nun wird die Toilettenpapierrolle von oben nach unten durchgeschnitten, damit die eine Hälfte als Schaufelfläche dienen kann. Sie wird an die Bierdeckelkreise am Pappstreifen geklebt. Der überstehende Bierdeckelkreis wird abgeschnitten.

Baustellenschilder (ab 3 Jahren)

Material:
Kopiervorlage „Baustellenschilder“ (s. S. 20), Filz-/Buntstifte, 2 DIN-A4-Bögen Pappe, Scheren, Klebstoff, für jedes Schild 1 Holzplättchen und 1 Rundholz (ca. 5 cm lang – alternativ funktioniert es auch mit Trinkhalmen oder alten Buntstiften) und Heißkleber

Vorbereitung:
Die Kopiervorlage hochkopieren und vervielfältigen, sodass jedes Kind jeweils eine hat.

Arbeitsanleitung:
1. Besprechen Sie zuerst die Bedeutung der Schilder mit den Kindern. Sie weisen auf eine Gefahr hin oder verbieten den Zutritt auf das Baugelände.
2. Anschließend malen die Kinder die Baustellenschilder in den entsprechenden Farben an und schneiden sie aus. Es ist ratsam, hier auf die realitätsgetreuen Farben zu achten. Um mehr Stabilität zu erhalten, werden die Schilder auf die Pappe geklebt.
3. Jedes Schild wird mit Heißkleber auf ein Rundholz geklebt und dieses auf ein Holzplättchen. Die Klebearbeiten sollte unbedingt die Erzieherin übernehmen!

Hinweis:
Möchte man kleinere Schilder für Spielzeugautos basteln, kopiert man die Vorlagen nicht hoch, sondern belässt sie in der hier angegebenen Größe. Anstatt der langen Rundhölzer kann man Zahnstocher oder kleinere Rundhölzer verwenden.

Pylonen (ab 2 Jahren)

Material:
pro Pylon 1 Bogen orangefarbenen Fotokarton, weißes Tonpapier, 1 Schere, 1 Bleistift, 130 cm langer Wollfaden, Klebstoff, ggf. Pappe zum Verstärken, 1 Lineal

Arbeitsanleitung:
1. Der Bogen Fotokarton wird senkrecht hingelegt. Den Wollfaden bindet man an den Bleistift. Das lose Ende des Fadens legt man nun unten rechts auf die Ecke des Fotokartons und hält den Finger fest darauf. Mit der anderen Hand setzt man den Bleistift parallel zur Ecke mit dem losen Fadenende auf den Fotokarton. Dabei muss sich der Wollfaden spannen. Nun malt man mit dem Stift einen Bogen quer über den Fotokarton, aber bitte drauf achten, dass der Wollfaden gespannt bleibt.

2. Dann schneidet man den Karton entlang der Linie ab und klebt die gerade Seite zusammen, sodass es wie eine Schultüte aussieht.

3. Aus dem weißen Tonpapier werden drei schmale Streifen von etwa 3 cm Breite geschnitten und ringförmig auf den Pylon geklebt.

4. Möchte man die Pylonen verstärken, kann man die Wände von innen mit Pappe bekleben. Die Größe der Pylonen hängt von der Wollfadenlänge ab. Bei größeren Pylonen muss der Faden entsprechend verlängert werden.

BVK • Cornelia Emde: Kita aktiv „Projektmappe Auf der Baustelle“

Kopiervorlage zu „Baustellenschilder“

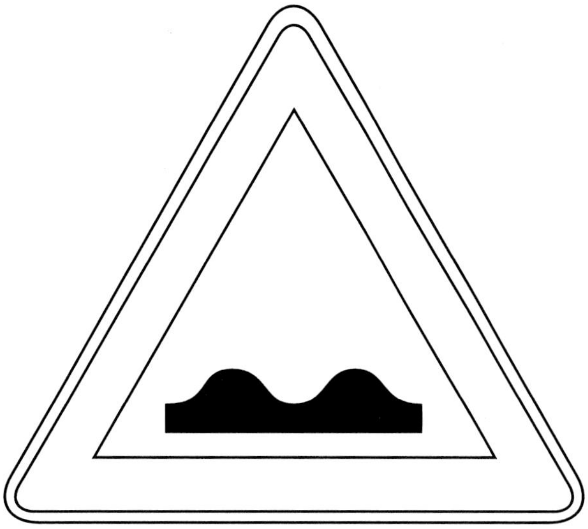

Unebene Fahrbahn	Splitt, Schotter
Allgemeine Gefahrenstelle	Arbeitsstelle
Absperrschranke	Warnbake, Aufstellung rechts

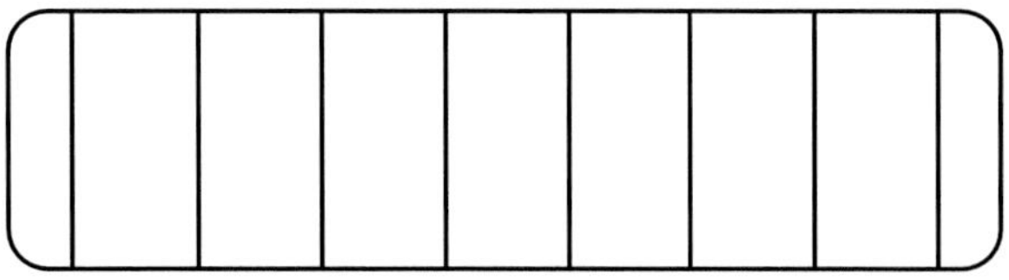

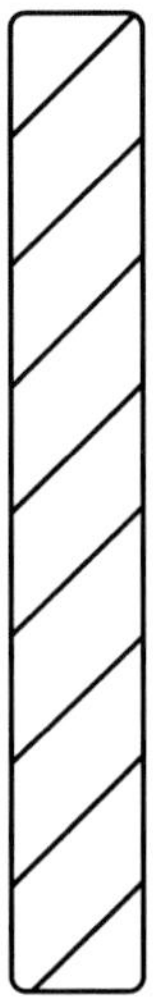

Mauersteine herstellen (ab 4 Jahren)

Material:
viele Schuhkartons (mindestens 30), Zeitungspapier, Kleister, 1 Eimer und 1 Stab zum Anrühren des Kleisters, rote und braune Fingerfarbe, Pinsel, Abdeckfolie, Malkittel, Klebstoff, Klettklebeband

Vorbereitung:
In örtlichen Schuhgeschäften können Sie nach Schuhkartons fragen. Es ist ratsam, wirklich sehr viele Kartons zu besorgen, denn die Kinder werden später umfangreich damit bauen wollen.
Machen Sie einen Raum mit Fenster frei, den man über einen längeren Zeitraum (etwa 3 – 4 Tage) für diese Aktion nutzen kann. Nach Möglichkeit einen gefliesten Raum wählen, denn das erleichtert die Reinigung hinterher.
Je nach Raumauswahl sollten Wände, Teppiche usw. mit Abdeckfolie auslegt / abgedeckt werden.
Setzen Sie den Kleister nach Packungsanleitung an.

Arbeitsanleitung:

1. Zuerst werden alle Deckel auf den Schuhkartons festgeklebt. Im nächsten Schritt trägt man auf jeden Schuhkarton abwechselnd Kleister und Zeitungspapier auf. Insgesamt sollten 3 – 4 Schichten Zeitungspapier auf den Kartons sein, damit sie stabiler und härter werden. Um unangenehme Gerüche zu vermeiden, sollten die Kartons nach der zweiten Schicht etwa 24 Stunden trocknen und erst dann kann die dritte und vierte Lage Zeitungspapier mit Kleister aufgetragen werden. Am schnellsten trocknen die „Steine“, wenn Sie ein Fenster auf Kipp stellen oder die Tür offen lassen.

2. Nachdem die „Steine“ beklebt und getrocknet sind, können die Kinder die Mauersteine anmalen. Dazu mischt man die rote und die braune Fingerfarbe so zusammen, dass man die gewünschte zinnoberrote Backsteinfarbe erhält.

3. Sobald die Farbe getrocknet ist, können die Kinder mit den Mauersteinen bauen. Hier sind den Bauideen kaum Grenzen gesetzt, allerdings sollten sich die Kinder nicht auf die Steine setzen oder stellen, sonst geben sie nach. Möchten die Kinder aus den Mauersteinen ein Spielobjekt bauen, das länger halten soll, kann man jeden einzelnen Stein an allen Seiten mittig mit Klettklebebandstreifen versehen, sodass sie dadurch ein wenig mehr Zusammenhalt bekommen. Dies ist zwar mehr Arbeit, erspart aber hinterher die Frustrationen, wenn die Hausmauern wegen kleiner unbedachter Stöße einstürzen. Darüber hinaus kann man bei einem Hausbau den Dachstuhl daran befestigen (s. S. 22).

Hinweis:
Möchte man echte Mauersteine herstellen, benötigt man dafür Zementpulver, Wasser, eine Rührschüssel, einen Rührstab und Bausteinformen. Das Zementpulver wird mit dem Wasser nach Packungsanleitung angerührt und in die Bausteinformen gegossen. Nach einer langen Trocknungszeit sind die Mauersteine einsatzbereit. Sie eignen sich aber weniger zum Spielen, da hier die Verletzungsgefahr beim Zusammenstürzen groß ist.

Dach (ab 2 Jahren)

Material:
viel dünne Pappe, 1 großer Karton von einem Kühlschrank (erhält man in Elektrogeschäften), 1 Bleistift, 1 Schere, Prickelnadeln und Prickelmatten, braune und rote Fingerfarbe, Pinsel, 1 Farbtöpfchen, 1 Cuttermesser, 1 Lineal, Maldecken, Kopiervorlage „Dachziegel“ (s. S. 23), Klettklebeband

Vorbereitung:
Der Arbeitsbereich sollte mit Maldecken abgedeckt werden. Bitten Sie die Eltern vorab, sämtliche Pappkartons, die größer als DIN A4 sind, zu sammeln. Dies können Verpackungen, Tiefkühlpizzakartons, Zeichenblockböden usw. sein. Die Pappe sollte für die Kinder allerdings noch gut zu schneiden sein und darf deshalb nicht zu dick sein. Die Kopiervorlage „Dachziegel“ hochkopieren und daraus eine Schablone anfertigen. Ein Dachziegel sollte eine Breite von 20 cm und eine Länge von ca. 30 cm haben.

Arbeitsanleitung:

1. Mit Hilfe der Schablone werden die Dachziegel auf die Pappkartons übertragen und ausgeschnitten. Es sollten möglichst viele entstehen, damit die Bauvorhaben der Kinder erfolgreich umgesetzt werden können. Die Jüngsten können die Dachziegel ausprickeln.

2. An jedem Dachziegel an der geraden Seite einen Knick um 90 Grad falzen, um die Ziegel später in den Dachstuhl einhängen zu können.

3. Anschließend mischt man aus der roten und braunen Fingerfarbe einen zinnoberroten Farbton und malt die Dachziegel beidseitig an.

4. Während die Ziegel trocknen, muss der Dachstuhl gebaut werden. Dazu schneidet man den großen Karton an einer Seite auf, sodass man eine große Fläche erhält. Am besten trennt man die Naht des Kartons auf. Im Grunde benötigt man pro Dachstuhl nur zwei große Seiten des Kartons und der Knick in der Mitte bildet die Dachspitze. Alle außenstehenden Kartonteile werden weggeschnitten. Es sollte hinterher links und rechts des Mittelknicks jeweils ein Rechteck vorhanden sein.

5. Nun werden die Sparren hergestellt. Dazu malt man mit dem Bleistift Rechtecke mit den Maßen 20 (hochkant) x 15 cm auf die Pappseiten. Die Abstände der Rechtecke sollten überall etwa 5 cm betragen. Am Ende soll ein Raster mit gleichgroßen, rechteckigen „Fenstern“ entstanden sein.

6. Mit dem Cutter werden die „Fenster“ herausgeschnitten. Merken Sie, dass die Dachsparren zu dünn sind, können Sie sie auf der Innenseite des Dachstuhls mit weiteren Pappstreifen verstärken.
   Die Ränder unten am Dachstuhl werden mit dem Klettklebeband versehen. Aber hier bitte unbedingt darauf achten, welche Seite an den Mauersteinen (s. S. 21) haftet, damit am Dachstuhl das Gegenstück dazu angebracht wird. Wenn alles fertig ist, können die Kinder aus den Mauersteinen Hauswände bauen und anschließend den Dachstuhl darauf setzen. Die Dachziegel werden in die Sparren eingehängt.

Hinweis:
Die Pappe wird zwar nach einigen Tagen Benutzung etwas locker, aber der Dachstuhl sollte unbedingt aus leichtem Material gebaut werden. So ist bei einem Einsturz die Verletzungsgefahr deutlich unwahrscheinlicher als bei Holzbauten. Weisen Sie die Kinder auf den sorgsamen Umgang mit den Materialien hin, dann halten sie auch lange. Bei mir haben die Basteleien bei täglichem Gebrauch drei Wochen gehalten.

BVK • Cornelia Emde: Kita aktiv „Projektmappe Auf der Baustelle“

Kopiervorlage „Dachziegel“

hier knicken

Baustellenlampe (ab 4 Jahren)

Material:
gelbes und orangefarbenes Transparentpapier, Wasser, Kleister, 1 durchsichtiger Joghurtbecher, 1 Eimer, 1 Rührstab, 1 kleine Taschenlampe, 1 kleine verschließbare Pappbox (die Taschenlampe muss senkrecht hineinpassen und der Umfang des Joghurtbechers oben draufpassen), 1 Bleistift, 1 Schere, gelbe Fingerfarbe, Klebstoff, ggf. Heißkleber, Maldecken, Pinsel, Farbtöpfchen, 1 Malkittel

Vorbereitung:
Der Kleister wird angerührt. Der Arbeitsplatz sollte mit den Maldecken ausgelegt sein.

Arbeitsanleitung:
1. Das Transparentpapier wird in kleine Stücke gerissen und mit dem Kleister von außen an den Joghurtbecher geklebt. Der komplette Joghurtbecher sollte mit zwei Lagen Papier bedeckt werden. Dabei ist es jedem selbst überlassen, ob er gelbes oder orangefarbenes Papier oder beides gemischt verwendet.
2. Während des Trocknens malt man den Kreisumfang der Taschenlampe auf die Box und schneidet ihn aus. Dann wird die Box mit der Fingerfarbe angemalt.
3. Wenn beides getrocknet ist, positioniert man die Taschenlampe so, dass sie aus der Kreisöffnung herausschaut und klebt sie am Kreisrand fest.
4. Anschließend wird der Joghurtbecher über die Taschenlampe gestülpt und ebenfalls an der Box festgeklebt. Hierfür muss die Erzieherin evtl. den Heißkleber verwenden. Der Verschluss der Box sollte nicht zugeklebt werden, sondern flexibel zu öffnen sein, damit man die Taschenlampe ein- und ausschalten kann.

BVK • Cornelia Emde: Kita aktiv „Projektmappe Auf der Baustelle“

Wie werden Häuser, Brücken und Türme gebaut? (1) (ab 5 Jahren)

Material:
Spielsteine oder Holzbausteine, flache Steine, fertige Brücke aus Lego® Duplo® oder eine Eisenbahnbrücke von einer Holzeisenbahn, 1 Digitalkamera, Bilder von verschiedenen Brücken und Türmen, evtl. 1 DIN-A4-Blatt Fotokarton

Vorbereitung:
Suchen Sie aus Büchern, Lexika oder aus dem Internet Bilder von verschiedenen Brücken und Turmtypen heraus (Balkenbrücke, Auslegerbrücke, Bogenbrücke, Hängebrücke, eckiger Turm, runder Turm, kegelförmiger Turm).

Arbeitsanleitung:
1. Zunächst stellt man den Kindern die Frage, wie Häuser, Brücken und Türme gebaut werden und lässt sie überlegen, wie so ein Bau vonstattengehen könnte.
2. Anschließend ergänzen Sie das Erzählte oder erklären es selbst. Am besten ist, wenn Sie es vorführen und die Kinder es nachbauen können. Auf diese Weise verinnerlichen sie das Gehörte besser. Welches Material Sie verwenden, bleibt Ihnen überlassen. Am einfachsten ist es mit Lego®steinen, da sie festgedrückt werden. Holzbausteine sind eher etwas für die älteren Kinder.
3. Es ist sinnvoll, die einzelnen Bauschritte der verschiedenen Bauwerke zu fotografieren. Später kann man aus den ausgedruckten Bildern Bauanleitungen erstellen, an die sich die Kinder erinnern oder in denen sie nachschlagen können.
   Außerdem ist es ratsam, dieses Angebot über drei Tage hinweg durchzuführen und sich an jedem Tag einem Bauwerk zu widmen, denn hier wird den Kindern sehr viel Wissen vermittelt, was an einem Tag einfach zu viel wäre. Darüber hinaus möchten die Kinder das neu Gelernte sicherlich umsetzen.

Brückenbau:

- Es gibt verschiedene Arten von Brücken. Es gibt die ganz einfachen sogenannten **Balkenbrücken,** die aus zwei oder mehr Pfeilern und einem Verbindungsstück bestehen. Man trifft sie auch häufig in der Natur an, wenn zum Beispiel ein langer Baumstamm die Brücke von einem Ufer zum anderen bildet. Als Anschauungsobjekt kann man mit den Kindern zwei Pfeiler bauen und diese mit einem langen Stein/Holzstück verbinden.

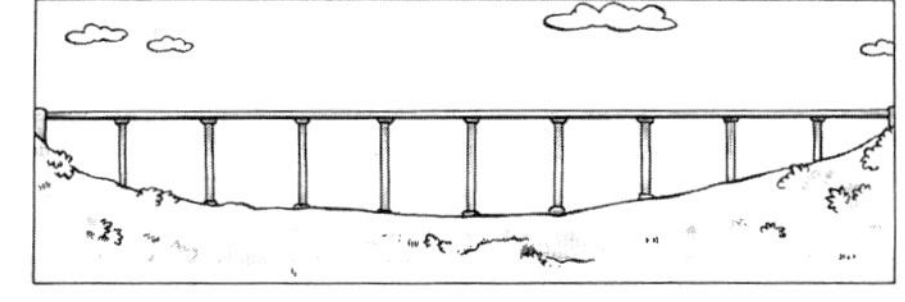

- Die **Bogenbrücken,** die man häufig an Burgen oder Schlössern vorfindet, stützen sich über den gegenseitigen Druck. Mit Hilfe von Gerüsten werden links und rechts eines Ufers die Steine übereinandergebaut. Der wichtigste Stein einer solchen Brücke ist der Schlussstein, der als Letztes in die Mitte gesetzt wird. Dank dieses Steines wird auf beiden Seiten der Brücke Druck ausgeübt, der die Konstruktion zusammenhält. Nachbauen kann man dies am besten mit flachen Steinen oder auch mit Lego®steinen. Dazu benötigt man ein oben abgerundetes Gerüst (z. B. ein gebogenes DIN-A4-Blatt Fotokarton, einen abgerundeten Bauklotz oder eine gebogene Eisenbahnbrücke von einer Holzeisenbahn). Die Steine baut man nun bogenförmig um das Gerüst herum auf und erst wenn der Schlussstein gesetzt ist, kann man das Gerüst vorsichtig entfernen. Da der Brücke das Fundament fehlt, sollten die ersten beiden Steine, die am Boden liegen, außen mit etwas Schwerem gestützt werden.

- **Hängebrücken** halten mit Seilen, Tragseilen aus Stahl etc., die von den Stützpfeilern (Pylonen) ausgehen und Brückenelemente festhalten. Diese Brücken kann man meist auf Spielplätzen unter die Lupe nehmen.

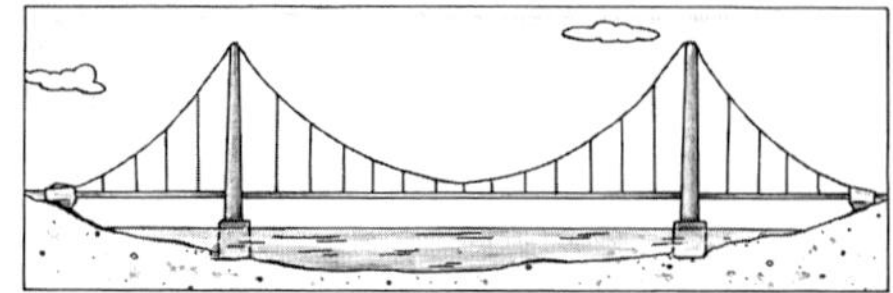

Wie werden Häuser, Brücken und Türme gebaut? (2) (ab 5 Jahren)

- Außerdem kann man aus Lego®steinen Brücken bauen, bei denen man über zwei bis drei Lagen die Steine versetzt baut, bis sie den anderen Pfeiler erreichen (siehe Beispielbild).

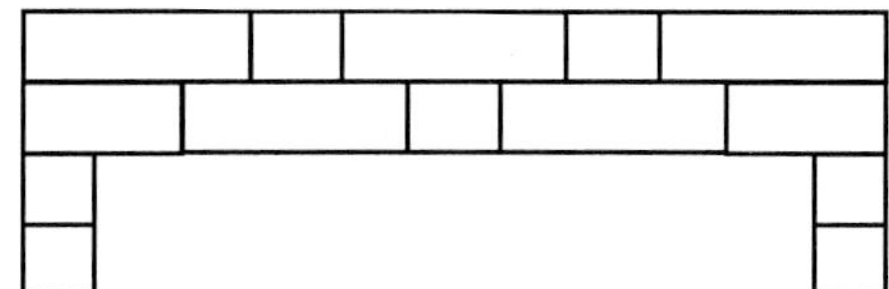

Nach den Erklärungen und Baumaßnahmen können die Kinder selbst verschiedene Brückenbauten ausprobieren.

Hausbau:
Ein Hausbau vollzieht sich in verschiedenen Bauphasen. Erst muss die Erde ausgehoben werden, in die der Brunnenbauer seine Rohre verlegen kann. Danach wird die Baugrube mit Sand und Erde wieder aufgefüllt und eine Betonplatte aufgesetzt. Nun wird das eigentliche Haus gebaut. Dazu wird ein Gerüst aus Stahl oder Holz aufgebaut, in das Backsteine gesetzt werden. Außen herum wird alles betoniert und verputzt. Um die Gerüste (auch den Dachstuhl) kümmern sich meist die Zimmerer zusammen mit den Maurern. Zuletzt kommt das Dach, das vom Dachdecker gedeckt wird. Wenn das Haus im Rohbau steht, folgen noch die anderen Handwerker, wie der Elektroinstallateur, der Wasserinstallateur, der Fensterbauer usw., die sich um die Feinheiten im Haus kümmern. Um den Hausbau in Ansätzen nachvollziehen zu können, bieten sich die Angebote „Mauersteine herstellen" und „Dach" (s. S. 21 und 22) an.

Turmbau:
Türme sind sehr hohe Gebäude. Es gibt verschiedene Arten, wie zum Beispiel runde, eckige oder kegelförmige Türme. Ursprünglich waren Türme als Schutz gedacht, denn von oben konnte man Feinde oder Tiere früh entdecken und sich besser verteidigen. Heutzutage werden die meist alten, massiven Steintürme eher als Aussichtstürme genutzt. Andere Türme wie Wasser-, Funk-, Fernseh- oder Kirchtürme haben ihre eigenen Aufgaben. Ein Wasserturm speichert Wasser, ein Funk- und Fernsehturm braucht die Höhe, damit die Wellen ohne Hindernisse empfangen und versendet werden können. Ein hoher Kirchturm sollte u. a. Macht und Größe demonstrieren. Zudem verteilt sich der Klang der Kirchenglocken von einem hohen Kirchturm aus besser, da er in der Luft auf weniger „Hindernisse", wie zum Beispiel Hauswände, stößt.
Mit den Kindern kann man nun aus Lego®- oder Holzbausteinen verschiedene Arten von Türmen bauen. Wichtig ist nur, dass die Steine wieder versetzt verbaut werden, um Stabilität zu bekommen.

Bauen mit Naturmaterialien (ab 3 Jahren)

Material:
Rinde, Stöckchen, Blätter, Bucheckern, Eicheln, Tannen- und Fichtenzapfen, Moos, Astscheiben, Kisten, Plastiktiere

Arbeitsvorschläge:
Das Spiel mit Naturmaterialien erfordert viel Fantasie und Kreativität von den Kindern. Da es keine expliziten Bauanleitungen gibt und jedes Naturmaterial seine eigene individuelle Form hat, sind die Bauten nicht identisch und somit jedes ein individuelles Werk. Wenn die Kinder das Spielmaterial auch noch selbst sammeln durften, bekommt das Bauen dadurch eine wichtigere Rolle.
Die Kinder können zum Beispiel kleine Hütten, Unterschlüpfe, Spielplätze für Tiere oder Figuren bauen oder auch Flöße, Schiffchen und Flieger.
Es ist ratsam, die Naturmaterialien in Kisten voneinander sortiert im Freispiel anzubieten.
Dazu sollten auch Plastiktiere o. Ä. vorhanden sein, damit die Kinder mit den entstandenen Bauten Rollenspiele spielen können oder „für jemanden" etwas bauen können.

Rohre verlegen (ab 2 Jahren)

Material:
5–6 Eimer, Schaufeln, evtl. 1 Schubkarren, 1 Spielzeugbagger, mindestens 6 Rohre, 5 Rohrverbindungsstücke, 1 Gießkanne, Wasser, 1 Hacke, 1 Spaten, evtl. 1 Säge

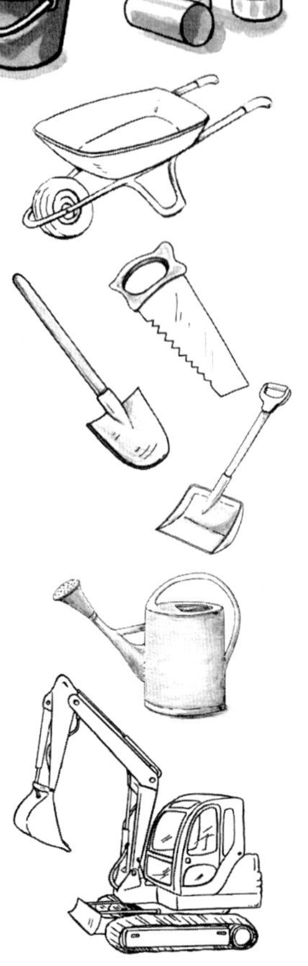

Vorbereitung:
Das Angebot findet draußen statt. Vorzugsweise stellt man eine Ecke im Außengelände zur Verfügung, welche die Kinder zum Umgraben nutzen dürfen. Hier sollte man vorher die Grasflächen mit einem Spaten ausheben, sodass nur noch die Erde übrig ist. Diese dann mit der Hacke auflockern, damit die Kinder es beim Graben leichter haben. Alternativ kann man im Sandkasten arbeiten, was zum Graben einfacher ist. Allerdings können die Rohre hier u. U. nicht dauerhaft bleiben.

Spielanleitung:
Die Kinder beginnen, die Erde aufzulockern. Dafür können sie ihre Hände oder die Schaufeln verwenden. Anschließend werden mit den Schaufeln und dem Bagger Vertiefungen für die Rohre gegraben. Mit der ausgehobenen Erde können Hügel errichtet werden, damit die Rohre auch abwärts verlaufen können. Hierbei sollte alles thematisiert werden, was und womit die Kinder zu tun haben:

- Ist es leicht oder schwer, in der Erde zu graben? Ist es im Sand einfacher?
- Kann man Erde besser bearbeiten, wenn sie feucht oder wenn sie trocken ist?
- Wie schwer bzw. voll kann ich die Eimer machen, um sie noch tragen zu können?
- Ist die Arbeit schwer oder einfach? Spüre ich meine Muskeln?

Sobald alle Vertiefungen gegraben sind, werden die Rohre hineingelegt und mit den Verbindungsstücken verbunden. Hier können die Kinder Sachwissen erfahren, zum Beispiel:

- Wie schwer sind die Rohre?
- Ist es einfach, die Rohre miteinander zu verbinden oder braucht man dafür Muskelkraft?
- Passen die Rohre von der Länge her oder müssen sie gekürzt werden? Wenn ja, wie kann man sie kürzen? (Falls gesägt werden muss, sollte dies eine Erzieherin übernehmen.)

Wenn alle Rohre verbunden in den Vertiefungen liegen, können die Kinder sie mit einem Wasserdurchlauf testen. Dazu gießt man das Wasser in das eine Ende und wartet ab, was passiert.

- Sind die Rohre dicht? Kommt das Wasser am anderen Ende wieder heraus?
- Kann Wasser auch aufwärts fließen oder muss ich immer von oben nach unten gießen?

Nun kann man die Erde wieder auf die Rohre schaufeln, damit sie verdeckt werden. Anfang und Ende müssen aber frei bleiben, damit sie weiterhin für das Spiel genutzt werden können.

Variante für drinnen:
Steht Ihnen keine Außenfläche für den Bau zur Verfügung, können die Kinder auch drinnen mit Rohren experimentieren. Nehmen Sie unterschiedliche Rohre (Pappröhren, Drainagerohre, Wasserrohre, Heulrohre usw.) und Verbindungsstücke von den zu benutzenden Rohrarten oder Klebeband. Zunächst befassen sich die Kinder selbstständig mit den Rohren. Hierbei sollten Fragen bearbeitet werden, wie: Wie schwer sind die Rohrarten? Welches ist leichter? Welches Rohr ist stabiler? Welches Rohr ist länger/kürzer? Was passiert, wenn ich durch die Rohre spreche? Hört es sich mit jedem Rohr gleich an oder ist es bei einem leiser/lauter? Spüre ich etwas in meinen Händen, wenn ich durch ein Rohr spreche?
Wozu benötigt man diese Rohre überhaupt?
Im Anschluss können die Kinder mit Hilfe der Verbindungsstücke oder dem Klebeband Murmelbahnen aus den Rohren bauen. Dabei setzen sie sich spielerisch mit den Naturgesetzen und Größenverhältnissen auseinander.

Baustellenblechkuchen (ab 2 Jahren)

Zutaten:
150 g Butter, 200 g Zucker, 3 Eier, 200 g Mehl,
1 Päckchen Backpulver, 1 Päckchen Vanillezucker,
250 ml Milch, 100 g zerlassene Bitterschokolade,
weiße Schokoladenglasur, gemahlene Haselnüsse,
Schokolinsen, dünne, lange Schokoriegel

Arbeitsmittel:
1 Rührschüssel, 1 Handmixer mit Rührstäben, 1 Schüssel, 1 Messer, 1 Löffel, 1 Küchenwaage, 1 Messbecher, 1 größerer und 1 kleinerer Topf für das Wasserbad zum Schmelzen der Schokolade, 1 Backblech, Backpapier, 1 Backofen, 1 Rührlöffel

Zubereitung:
- Eier, Butter und Zucker schaumig schlagen.
- Mehl, Backpulver und Vanillezucker mischen.
- Die Milch und die zerlassene Schokolade unter die Eischaummasse geben. Mehlmischung unterrühren.
- Den Kuchenteig auf ein mit Backpapier ausgelegtes Backblech streichen und bei 180 °C im unteren Teil des Ofens ca. 45 Min. backen.
- Den gebackenen Blechkuchen abkühlen lassen. Sobald der Kuchen kalt ist, kommt die weiße Schokoladenglasur oben darauf. Folgende Zutaten müssen **sofort** darauf arrangiert werden, damit sie an der noch flüssigen Schokolade festkleben:
  - Die gemahlenen Haselnusskerne werden auf einem Viertel des Kuchens verteilt, um eine Sandfläche anzudeuten. Außerdem streut man mit ihnen einen Weg von 5 cm Breite aus, der sich kurvig über den Kuchen erstreckt.
  - Die Schokolinsen drückt man an die Wegränder, um die Begrenzung sichtbar zu machen.
  - Die Schokoriegel (welche die Holzbalken darstellen) werden in der Mitte durchgebrochen und auf einem Stapel auf einem weiteren Kuchenviertel aufgebaut.

Hinweis:
Wer möchte, kann auch noch Spielzeugbaustellenschilder und Fahrzeuge auf den Kuchen stellen.
Wenn man Mauersteine backen möchte, backt man den Kuchenteig (aber nur mit der Hälfte der Mengen) noch einmal und fügt eine Packung rotes Wackelpuddingpulver zum Teig hinzu.
Nach dem Abkühlen des Blechkuchens schneidet man Streifen und Stücke aus dem Kuchen und erhält somit die Mauersteine. Zum Zusammenkleben der Mauersteine eignet sich Vanillepudding, den man dünn auf die Steine aufträgt. Aus den Steinen lassen sich Wände, Häuser, Türme usw. bauen.

Ananasturm (ab 2 Jahren)

Zutaten:
Ananas in Stücken, Vanillepudding

Arbeitsmittel:
1 Teller, 1 Abtropfsieb, Kuchengabeln

Zubereitung:
Wenn man Ananas aus Konserven verwendet, müssen diese zunächst gut abtropfen. Sie sollten auch etwas lufttrocknen (etwa 2 Std.), damit sie beim Bau nicht mehr allzu nass sind. Schneidet man die Ananas frisch auf, sollten die Stücke alle möglichst gleich groß sein. Den Vanillepudding nach Packungsanleitung kochen und kalt werden lassen.
Zum Bauen legt man die Ananasstücke in einem Kreis auf den Teller und bestreicht sie mit dem Vanillepudding. Dann kommt die nächste Reihe obendrauf und so wird fortgefahren, bis der Turm seine gewünschte Größe erreicht hat.
Um den Turm essen zu können, bekommt jedes Kind eine Kuchengabel und pikst sich ein Stück von dem Turm herunter.

Hinweis:
Der Turm funktioniert auch gut mit Brot. Dazu schneidet man Brot in Stücke und schichtet es mit Margarine oder Frischkäse aufeinander. Hierbei wird der Turm eckig und nicht rund.

Bausteinküchlein (ab 2 Jahren)

Zutaten für den Teig:
160 g geschmolzene Butter, 300 g Zucker, 4 Eier, 400 g Mehl, 3 Bananen, 2 Teelöffel Backpulver, 2 Teelöffel Vanillezucker, $^{1}/_{4}$ l Milch, Lebensmittelfarbe (blau, rot, grün, gelb), Puderzucker, Wasser, Schokolinsen

Arbeitsmittel:
1 Rührschüssel, 1 Handmixer mit Rührhaken, 1 Küchenwaage, 1 Messbecher, 1 kleinerer Topf zum Schmelzen der Butter, 2 Gabeln, 1 Teelöffel, 1 Teller, 1 tiefes Backblech, Backpapier, 1 Backofen, 2 Messer, 1 Schüssel und 1 Teelöffel für jede Zuckergussfarbe, 1 Backpinsel, 1 Lineal

Zubereitung:
Eier und Zucker schaumig schlagen. Milch und zerlassene Butter unter die Eischaummasse geben. Mehl, Backpulver und Vanillezucker mischen, die Bananen zerdrücken. Bananen und Mehlmischung unterrühren. Den Kuchenteig auf ein tiefes, mit Backpapier ausgelegtes Backblech geben und bei 180 °C im unteren Teil des Ofens ca. 60 Minuten backen. Wenn der Kuchenteig abgekühlt ist, schneidet man 10 x 6 cm große Stücke ab. Aus Wasser und Puderzucker rührt man einen Zuckerguss an und klebt die Schokolinsen auf die Kuchen, sodass diese wie Lego®steine aussehen.
Anschließend rührt man aus Wasser, Puderzucker und jeder Lebensmittelfarbe je einen entsprechend farbigen Guss an und überzieht die essbaren Lego®steine damit. Der Zuckerguss sollte zähflüssig sein, damit er beim Überzug nicht wieder vom Kuchen fließt. Am besten streicht man ihn mit einem Messer auf die Kuchenseiten.

BVK • Cornelia Emde: Kita aktiv „Projektmappe Auf der Baustelle"

Bilder-Kopiervorlage von Zutaten und Haushaltsgegenständen

Baustellenblechkuchen

Ananasturm

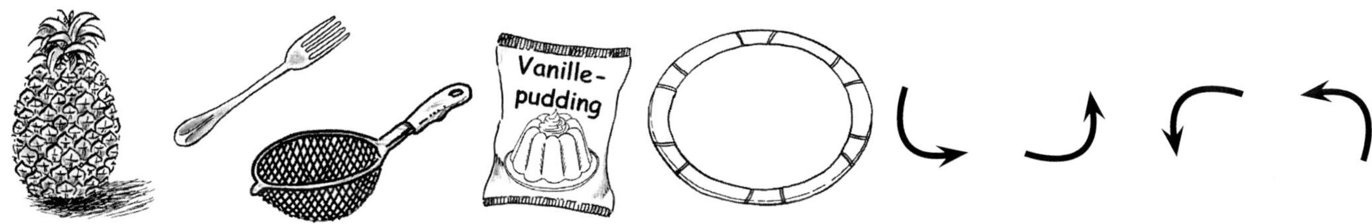

Bausteinküchlein

Finde etwas, das … lang ist (ab 5 Jahren)

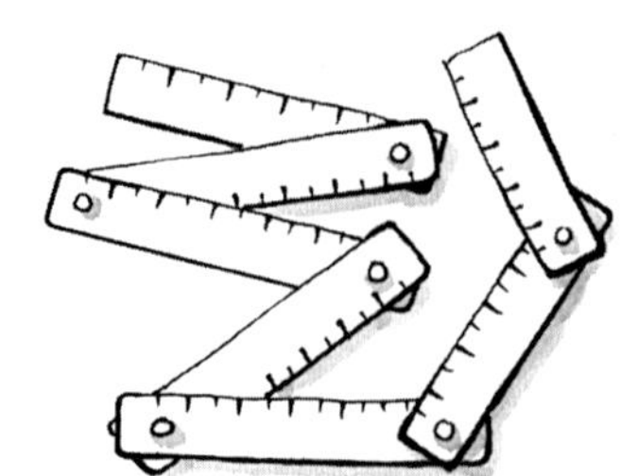

Material:
1 Zollstock oder 1 Maßband für jedes Kind, 1 Lego®stein

Spielanleitung:

1. Jedes Kind bekommt einen Zollstock oder ein Maßband. Zuerst sollten die Kinder den Umgang mit dem Zollstock und dem Zahlenstrahl auf dem Zollstock begreifen. Dazu zeigt man ihnen den Lego®stein und misst ihn genau ab. Dabei sollten Sie erklären, dass die große Zahl die Zentimeter angibt und die kleinen Striche die Millimeter sind. Zeigen Sie den Kindern ganz genau, wie man die Maße abliest. Dann versuchen die Kinder es selbst einmal.

2. Im nächsten Schritt bittet die Fachkraft die Kinder, nun etwas zu finden, das 3 cm lang ist. Dann müssen die Kinder im Gruppenraum oder im Außengelände auf die Suche nach etwas gehen, das genau 3 cm lang ist. Die Kinder messen jeden ausgewählten Gegenstand genau ab und wenn er keine 3 cm lang ist, suchen sie sich etwas Neues.
   Wenn sie etwas entdeckt haben, zeigen sie es der Fachkraft und bekommen einen neuen Mess-Suchauftrag.

Dieses Spiel kann man mit beliebig vielen Aufträgen spielen. Natürlich kann man es auch andersherum spielen, sodass die Kinder sich Gegenstände auswählen, diese dann genau abmessen und Ihnen die Maße nennen.

Welche Formen erkennst du? (ab 4 Jahren)

Material:
1 Blatt mit den Formen Kreis, Dreieck, Quadrat, Rechteck, Oval und Raute, weitere Bögen Papier, Stifte, Baustellenschilder (aus der Bauecke oder s. S. 20), Baustellenfahrzeuge, 1 Spielzeughaus (kann auch aus Lego®steinen gebaut werden), einzelne Lego®steine und Dachziegel, weitere Baustellenaccessoires (Eimer, Schaufeln usw.)

Vorbereitung:
Die Formen werden frei aus der Hand auf ein Blatt Papier gezeichnet. Hat man zufällig eine Baustelle vor Ort, sollte man das Angebot dort in der Nähe durchführen, damit die Kinder die Formen direkt realitätsbezogen erkennen können.
Führt man das Angebot in der Gruppe durch, werden die Fahrzeuge, Schilder, die einzelnen Lego®steine und Dachziegel, das Haus und andere Baustellenaccessoires auf dem Boden arrangiert.

Spielanleitung:
Die Kinder benennen zuerst die aufgezeichneten Formen. Je nachdem, wo man das Angebot durchführt, können die Kinder sich die Baustelle oder die Schilder auf dem Boden sehr genau ansehen und sagen, welche Formen sie wo erkennen können. Sie sehen, dass einige Schilder rund sind, andere dreieckig und wieder andere eine rechteckige Form haben. Anschließend können die Kinder die erkannten Formen auf einem Blatt Papier nachmalen.

Dinge zählen (ab 4 Jahren)

Zähle und trage die entsprechende Anzahl ein.

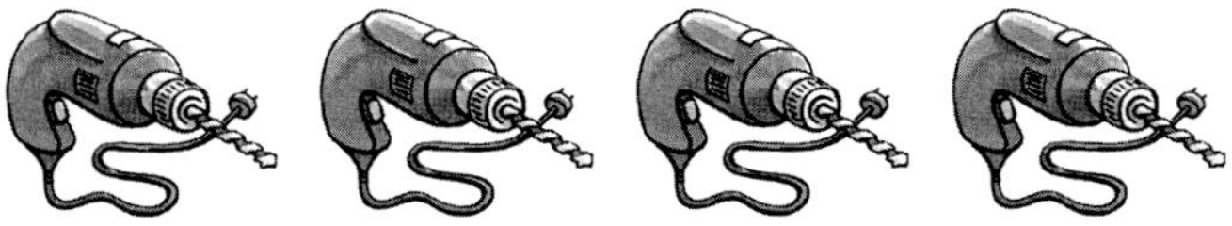

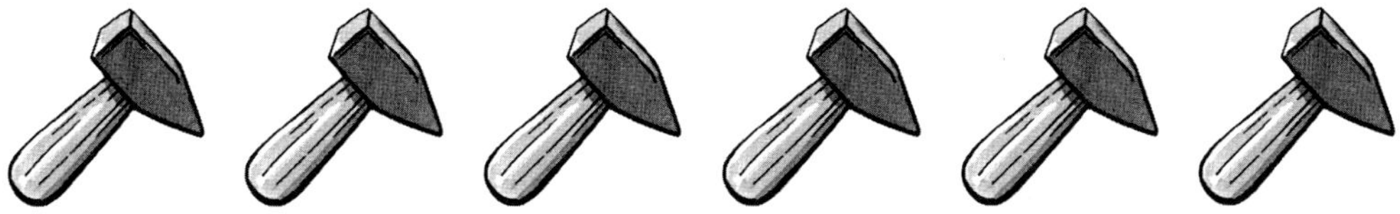

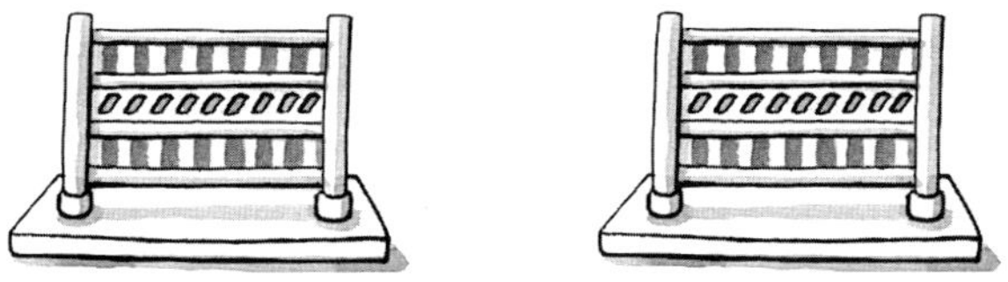

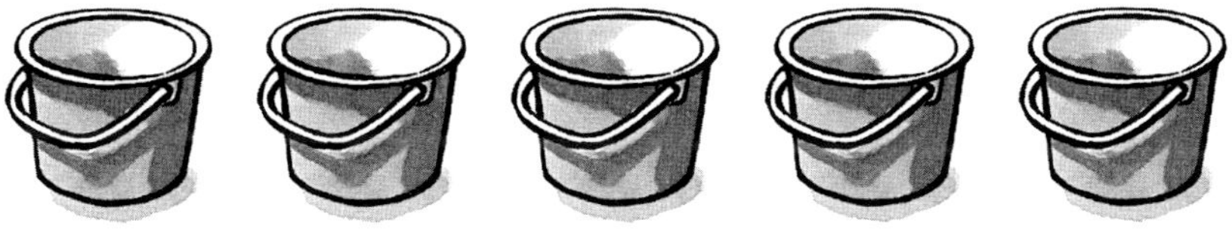

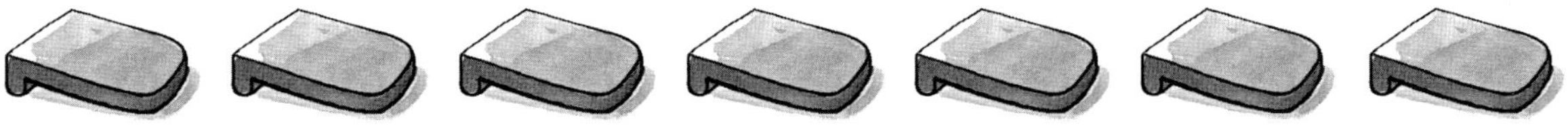

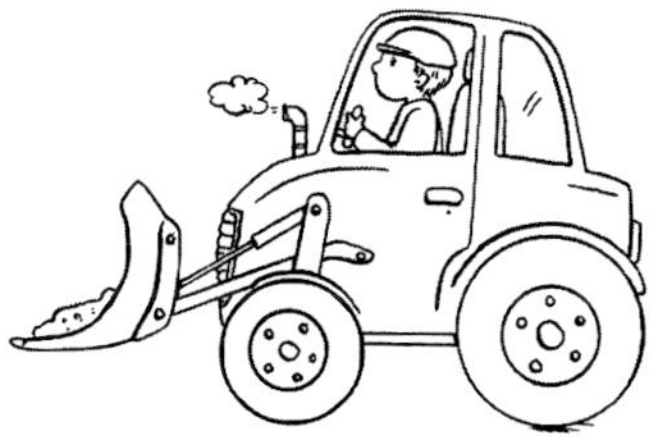

Ausmalbild „Baustellenfahrzeuge“ (ab 5 Jahren)

Male die Felder in den angegebenen Farben an.

1 = braun 2 = gelb 3 = grün 4 = rot 5 = schwarz 6 = blau

BVK • Cornelia Emde: Kita aktiv „Projektmappe Auf der Baustelle“

Vorschläge für eine Baustellenparty (ab 2 Jahren)

Material:
Holzbretter in verschiedenen Längen, große Holzklötze oder Baumstümpfe, ggf. andere Materialien zum Balancieren, Baustellenschilder, Absperrband

Dekoration im Garten:
Vorzugsweise findet die Party im Außengelände statt, da hier am meisten Platz ist. Aus Holzbrettern in unterschiedlicher Länge und Breite sowie Baumstümpfen/großen Holzklötzen wird ein Balancierparcours aufgebaut. Dieser kann kreuz und quer verlaufen, sodass die Bretter hin und wieder aufeinandertreffen oder sie können eine lange Strecke ergeben. Schön wäre es, wenn sich dieser Parcours unmittelbar am Eingang zum Garten befindet und weit in den Garten hineinreicht, sodass Eltern und Kinder animiert werden, darüber zu balancieren. Natürlich dürfen auch andere Materialien miteinbezogen werden, die sich zum Balancieren auf dem Parcours eignen. Je nachdem welche Böden das Außengelände hat, kann man auch Sand darauf verteilen. Da bei dieser Party verschiedene Arbeitsstationen/Spiele aufgebaut werden, sollten Baustellenschilder als Dekoration nicht fehlen. Mit Absperrband lassen sich die Bereiche eingrenzen.

Dekoration im Haus:
Im Grunde kann die Dekoration im Haus genauso wie die im Außengelände aufgebaut werden, nur dass hier der Balancierparcours im Foyer/in der Eingangshalle aufgestellt wird. Dafür kann man auch die Materialien aus der Turnhalle verwenden (Langbank, Kästen usw.). Anstelle des Sandes kann man sandfarbene Tücher nutzen. Um bei Tüchern ein Hin- und Herrutschen zu verhindern, empfiehlt es sich, die Ecken/Ränder mit massiven Gegenständen zu beschweren.

Spiele für eine Baustellenparty (1) (ab 3 Jahren)

Autos schieben

Material:
2 Seile, ggf. weitere Seile oder Absperrband, Papier, Stifte, für jedes Kind 1 Zollstock und 1 Auto

Vorbereitung:
Mit den Seilen eine Start- und eine Ziellinie markieren.

Spielanleitung:
Jedes Kind erhält einen Zollstock und ein Auto und stellt sich an der Startlinie auf. Das Auto stellt man vor sich auf den Boden und der Zollstock wird aufgeklappt (zunächst nur viermal aufklappen).
Auf Kommando müssen alle Kinder den Zollstock so halten, dass das vordere Ende das Auto berührt und schieben es vorwärts.
Der Name des Gewinners der Runde wird aufgeschrieben.
Im nächsten Schritt wird der Zollstock verlängert, das heißt, man klappt ihn ein weiteres Mal auf und startet ein neues Rennen. So wird das Spiel weitergespielt, bis der Zollstock am Ende ganz aufgeklappt ist.
Gewonnen hat derjenige, der sein Auto am häufigsten über die Ziellinie gebracht hat.
Im Außengelände sollte das Spiel auf Steinplatten stattfinden. Für die Hochbegabten kann man hier eine Strecke bauen, die über Eck und kurvig verläuft. Die Jüngeren schieben die Autos mit den Fingern oder mit Stiften an. Als Streckenmarkierungen liegen entweder Absperrband oder weitere Seile auf dem Boden.

BVK • Cornelia Emde: Kita aktiv „Projektmappe Auf der Baustelle“

Spiele für eine Baustellenparty (2) (ab 3 Jahren)

Mit dem Kran puzzeln

Material:
1 gebastelter Kran (s. S. 16) oder 1 Spielkran mit Haken, 2–4 verschiedene große, alte, ausrangierte Holzsteckpuzzle mit Haltegriffen, Blumendraht, 1 Heißklebepistole, 1 Schere, 1 Lineal

Vorbereitung:
Die Holzpuzzle sollten wenige (etwa 4, dafür größere) bis viele (bis 20, dafür kleinere) Puzzleteile mit Haltegriff enthalten. So können die Kinder die Schwierigkeitsstufe selbst auswählen.
Der Blumendraht wird in etwa 5 cm lange Stücke geschnitten. Die Anzahl der Stücke hängt von der Anzahl der Puzzleteile ab.
Jedes Drahtstück wird schlaufenförmig umgebogen, sodass man beide Enden fest um die Haltegriffe der Puzzleteile wickeln kann. Gegebenenfalls können sie auch mit einer Heißklebepistole fixiert werden. Die Schlaufe sollte einen Durchmesser von 1,5–2 cm haben. So wird fortgefahren, bis jedes Puzzleteil eine Drahtschlaufe besitzt. Das Bastelangebot „Kran“ (s. S. 16) sollte zuvor durchgeführt werden.

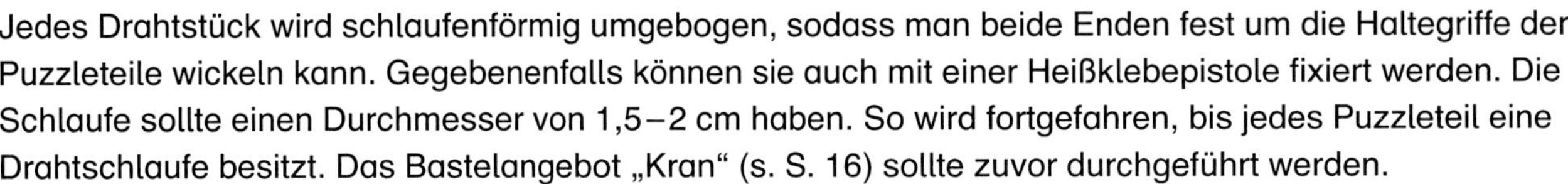

Spielanleitung:
Die Puzzleteile werden aus dem Bild genommen und danebengelegt. Die Kinder sollen nun versuchen, die Puzzleteile mit dem Kran aufzunehmen und richtig in das Bild zurückzulegen. Das bedeutet, sie nehmen den Faden (am gebastelten Kran) oder das Drehrädchen (an einem Spielzeugkran) und lassen den Haken zur Schlaufe herab. Nun versuchen sie, den Haken durch die Schlaufe zu bekommen, um das Puzzleteil anheben und an den richtigen Ort setzen zu können. Diese Übung erfordert viel Geschick und Konzentration, sodass es ratsam ist, mit dem einfachsten Puzzle zu beginnen und sich nach und nach zu steigern.
Bitte lassen Sie diese Puzzles nicht unbeaufsichtigt und kontrollieren Sie sie immer wieder. Falls sich der Draht von den Pins löst, besteht Verletzungsgefahr!

Bauarbeiter balancieren (ab 2 Spielern)

Material:
2 Seile, pro Kind 1 gebastelter Mauerstein (s. S. 21) und 1 Dachziegel (s. S. 22), 1 Kissen, 1 Plastikeimer

Spielanleitung:
Die beiden Seile werden als Start- und Ziellinie auf den Boden gelegt. Die Kinder werden in zwei gleich große Mannschaften aufgeteilt und die entsprechenden Materialien zur Gruppe gelegt. Für jedes Kind sollten also vier Dinge vorhanden sein.
Die Kinder stellen sich hintereinander auf und müssen nun nacheinander ihre Materialien auf dem Kopf balancierend zur Ziellinie hinübertransportieren. Aber es darf immer nur ein Baumaterial transportiert werden und von jeder Gruppe darf immer nur ein Kind loslaufen. Der Nachfolger wartet, bis das andere Kind sein Baumaterial über die Ziellinie gebracht hat. Da dies eine schwierige Aufgabe ist, können die Jüngeren ihre Materialien auch krabbelnd auf dem Rücken transportieren.
Hat ein Kind die Ziellinie überschritten, legt es sein Material ab, geht an der Seite zu seiner Mannschaft zurück und stellt sich wieder an. Um nicht den Überblick zu verlieren, welches Kind bereits was befördert hat, empfiehlt es sich, zum Beispiel erst die Mauersteine, dann die Dachziegel usw. zu transportieren und erst, wenn das eine Material verbraucht ist, nimmt man das nächste.
Gewonnen hat die Mannschaft, die ihre Baumaterialien als Erstes vollständig hinter die Ziellinie gebracht hat.

Spiele für eine Baustellenparty (3) (ab 3 Jahren)

Der Farbturmbau (für 2–4 Spieler)

Material:
1 Farbwürfel, jeweils 5 Bausteine in den Farben Weiß, Orange, Rot, Blau, Grün, Gelb (oder andere Farben – die Farben müssen zu dem Farbwürfel passen)

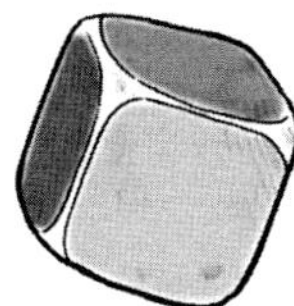

Spielanleitung:
1. Die Bausteine liegen unsortiert in der Mitte des Tisches. Das jüngste Kind beginnt und würfelt eine Farbe. Es nimmt den entsprechend farbigen Holzbaustein und stellt ihn auf den Tisch.
2. Dann ist der nächste Spieler an der Reihe und würfelt die nächste Farbe. Der entsprechende Baustein wird auf den ersten gebaut und so wird das Spiel reihum fortgesetzt, wodurch die Kinder zusammen einen Farbturm aufbauen. Die Kinder sollten stets die Farbe benennen, die sie erwürfelt haben.
3. Würfelt ein Kind eine Farbe, die bereits aufgebraucht ist, so ist der nächste Teilnehmer an der Reihe. Ein Kind scheidet aus, wenn der Turm bei ihm umkippt. Um einen Gewinner ermitteln zu können, wird wieder ein neuer Turm erspielt und das Kind, das am Ende übrig bleibt, hat gewonnen.

Variante 1:
Es wird nicht ein Turm mit allen Spielteilnehmern zusammengebaut, sondern jeder Teilnehmer erwürfelt sich seinen eigenen Turm. Dazu benötigt man noch mehr Bausteine. Hierbei wird der Gewinner schneller ermittelt, da die Kinder einfach weiterspielen, wenn ein Kind ausgeschieden ist.

Variante 2:
Es werden noch farbig bemalte Bierdeckel dazugenommen. Nun müssen die Kinder jeweils einen Baustein und einen Bierdeckel abwechselnd aufeinanderbauen. Hierbei sind feinmotorisches Geschick und eine genaue Auge-Hand-Koordination gefragt, denn liegt der obere Baustein nicht genau auf dem unteren, kann der Bierdeckel irgendwann zur Seite rutschen.

Variante 3:
Möchte man nur die Farbenlehre trainieren, kann sich jedes Kind seinen eigenen Farbturm erwürfeln. Kippt der Turm irgendwann um, so wird einfach wieder ein neuer gebaut. Hierbei geht es dann nicht mehr um das Gewinnen, sondern vielmehr um das Erkennen und Benennen der Farben.

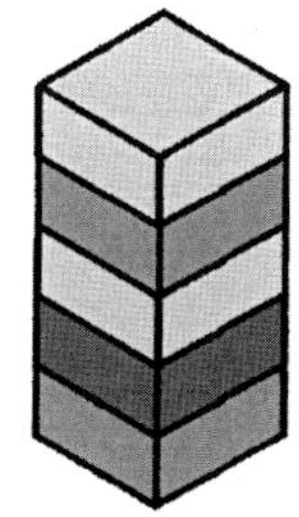

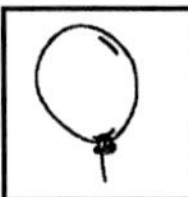

Spiele für eine Baustellenparty (4) (ab 3 Jahren)

Baustellenspaß

Material:
1 Ball, 2 lange Seile (je mind. 4 m lang), 2 Deckenhaken, 10–20 Schuhkartons, 4–6 Baustellenfahrzeuge aus dem Sandkasten (Bagger, Kipplader, Radlader mit beweglicher Schaufel/Kippelementen), 3 Eimer, 20 Murmeln, 1 Sandkasten, ggf. 1 Brett, Füllmaterial (z. B. geknülltes Zeitungspapier oder Sandsäckchen), 1 Weichbodenmatte, für jedes Kind 1 Schaufel und 3 Lego® Duplo®steine, evtl. 2 Kästen

Vorbereitung:
Das Seil wird um den Ball geknotet, am besten wie ein Geschenk, sodass er von vier Seiten vom Seil gehalten wird. Das Ende des Seils wird an einen Deckenhaken geknotet, sodass der Ball auf Kniehöhe herunterhängt. Die Schuhkartons werden in einem Abstand von 1–2 m zum Ball zu einem Turm übereinandergestapelt. Findet das Spiel im Außengelände statt, sollte ein Brett o. Ä. unter den Kartons liegen, damit diese nicht sofort umfallen. Die Baustellenfahrzeuge werden im Abstand von 1 m längs hintereinander aufgestellt. Die Eimer werden jeweils am Anfang und am Ende der Strecke aufgestellt. Die Murmeln liegen im Eimer am Anfang der Wegstrecke. Alle Lego® Duplo®steine werden im Sandkasten vergraben und die Schaufeln für die Kinder bereitgestellt.
Ein weiterer Eimer wird an das zweite Seil geknotet. Das Seilende wird durch einen zweiten Deckenhaken nach unten gezogen. Die Kinder müssen das Ende in der Hand halten können. Die Weichbodenmatte wird von zwei Erwachsenen/Kästen gehalten, sodass sie unter dem Deckenhaken steht und eine Wand bildet. Das lose Seilende und der Eimer befinden sich auf einer Seite der Matte, das Füllmaterial auf der anderen.

Spielregeln:

Abrissbirne:
Ein Kind schwingt den Ball (die Abrissbirne) so, dass möglichst viele Kartons auf einmal umfallen. Anschließend baut das Kind den Turm wieder auf und überlässt ihn dem nächsten Kind.

Staffelfahrt:
4–6 Kinder verteilen sich auf die Baustellenfahrzeuge. Dann bekommt das Kind, das dem Murmeleimer am nächsten sitzt, den Auftrag, ein oder zwei Murmeln aus dem Eimer zu holen und in sein Fahrzeug zu legen. Damit fährt es zum nächsten Kind und versucht, die Murmeln in dessen Fahrzeug zu geben und dabei nur die beweglichen Elemente der Fahrzeuge zu benutzen. Das zweite Kind fährt dann sein Fahrzeug zum dritten Kind. So werden die Murmeln von einem Eimer zum nächsten transportiert. Wer sehr viele Baustellenfahrzeuge besitzt, kann auch zwei Staffelfahrten parallel laufen lassen.

Bausteine ausgraben:
Die Kinder bekommen jeweils eine Schaufel und müssen die Lego® Duplo®steine aus dem Sandkasten buddeln, aber Achtung: Jedes Kind darf nur drei Steine ausgraben. Anschließend bauen die Kinder aus ihren drei Steinen ein großes Gemeinschaftshaus. Hier empfiehlt es sich, einen Bauleiter auszuwählen, der das Bauvorhaben beobachtet und darauf achtet, dass kein Chaos entsteht.

Teamarbeit:
Ein Kind steht auf der einen Seite der Matte, das andere Kind auf der anderen Seite. Das Kind, welches den Eimer und das Seilende hat, zieht den Eimer am losen Seilende nach oben und wackelt an dem Seil, damit der Eimer Schwung bekommt und über die Weichbodenmatte auf die andere Seite gelangt. Dann lässt es den Eimer langsam wieder herab und sagt dem Kind, wie viele Dinge es benötigt. Das andere Kind füllt den Eimer entsprechend der Anzahl und ruft: „Bereit!“ Nun zieht das erste Kind den Eimer mit Hilfe des Seils wieder zu sich auf die Seite. Hier kontrolliert es die Menge und das Ganze geht wieder von vorn los. Nach 3–5 Durchgängen wird gewechselt.

Im Dunkeln auf der Baustelle (ab 4 Jahren)

Material:
gebastelte Baustellenlampen (s. S. 23), schwarze Tücher oder Zeitungspapier, Absperrband, ca. 10 Fahnenstangen, 1 Langbank, gebastelte Pylonen (s. S. 19), XXL-Schaumstoffbausteine, Lego®steine oder anderes Baumaterial, ggf. kleine Lichtquellen (z. B. Nachtlichter), ggf. Stellwände o. Ä., 1 Laterne, 1 Taschenlampe, Kissen, Decken, Fallschutzmatten, kleine Kästen, 3–4 Stühle, 1–2 Tische

Vorbereitung:
1. Die Baustellenlampe sollte zuvor für jedes Kind gebastelt worden sein. Die Fenster werden mit den Tüchern lichtundurchlässig abgehängt. Alternativ kann man auch das Zeitungspapier in mehreren Lagen an die Fenster kleben.

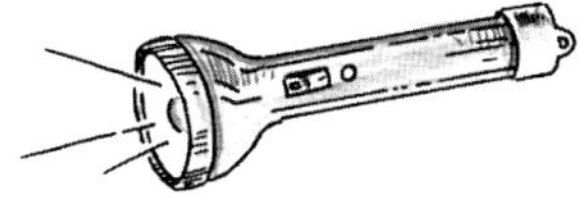

2. Der Raum sollte weitgehend freigeräumt sein. Am besten eignet sich die Turnhalle. Die folgenden Aufbauten sollte man an den Wänden des Raumes ringsum aufstellen, sodass die Mitte frei bleibt.

3. Die Fahnenstangen werden gassenförmig links und rechts aufgestellt und das Absperrband wird so daran befestigt, dass man einen Weg erhält. In der Mitte des Weges sollten Kästen, übereinanderliegende Fallschutzmatten, Stühle und Tische den Weg versperren, sodass die Kinder darüberklettern oder darunterkriechen müssen. Die Materialien sollten allerdings stabil stehen, denn in der Dunkelheit können die Kinder die Bewegungsanforderungen (in diesem Fall das Halten des Gleichgewichts) nicht immer richtig einschätzen. Der Schwierigkeitsgrad der Hindernisbewältigung muss den Kindern angepasst sein, das heißt bei den 3–4-Jährigen genügen ein Kasten und zwei Fallschutzmatten.

4. Am Ende der Gasse werden die Pylonen in regelmäßigem Abstand aufgestellt und ein paar Schaumstoffbausteine in den Weg gelegt. Dahinter wird die Langbank aufgestellt. Wer Stellwände oder Ähnliches hat, kann sie längs an den Wegrand stellen und somit den Blick in die Raummitte blockieren. Dadurch erhöht sich der Spannungsfaktor bei den Kindern.
   Das Baumaterial (Lego®), die Kissen und Decken werden in die freie Mitte gelegt. Die Taschenlampe befindet sich eingeschaltet in der Laterne und steht ebenfalls dabei.

Spielanleitung:
Jedes Kind nimmt sich seine Baustellenlampe und geht den aufgebauten Weg entlang. Da der Raum dunkel ist, müssen die Kinder den Weg mit ihrer Baustellenlampe beleuchten. Falls die Lampen zu dunkel sind oder die Kinder Angst bekommen, kann man weitere kleinere Lichtquellen, wie Nachtlichter, platzieren.
Zuerst müssen die Kinder durch den Gang, der mit „Baumaterialien" vollgestellt ist. Hier klettern, kriechen oder steigen sie darüber hinweg. Um die Pylonen gehen sie zickzackförmig herum und weichen den Bauklötzen aus. Über die Langbank balancieren die Kinder und gelangen dann in die Mitte.
Wenn alle Kinder angekommen sind, setzen sie sich auf die Kissen und Decken und man könnte eine kleine Reflexion über die eigenen Gefühle bei der Dunkelwanderung anschließen und/oder die Kinder dürfen mit den Baumaterialien bauen.
Je nachdem wie die Kinder die Dunkelwanderung aufgenommen haben, kann man den Parcours erweitern und schneckenförmig einen Weg zur Mitte hin bauen. Als weitere Anforderungen kann man aus Brettern weitere Balanciermöglichkeiten oder Wippen schaffen.

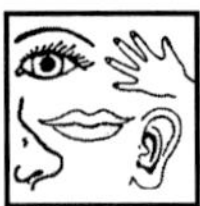

Auf der Baustelle – Fantasiereise (1) (ab 3 Jahren)

Material:
Entspannungs-CD, 1 CD-Player, Kissen, Decken, Isomatten, schwach leuchtende Lampen (Lavalampen oder Sprudelsäulen), Geschichte (s. u.), Stifte, Papier, 1 Malunterlage pro Kind

Vorbereitung:
Wählen Sie einen ruhigen Raum und entfernen oder bedecken Sie alle störenden Reize. Die Isomatten werden im Raum ausgelegt und die Decken und Kissen darauf verteilt. Den CD-Player anschließen und die passende Musik auswählen. Die Lampen einschalten, aber nach Möglichkeit kein flackerndes oder helles Licht. Wenn Lampen mit Farbwechsel dabei sind, sollten diese fließend ineinander übergehen.

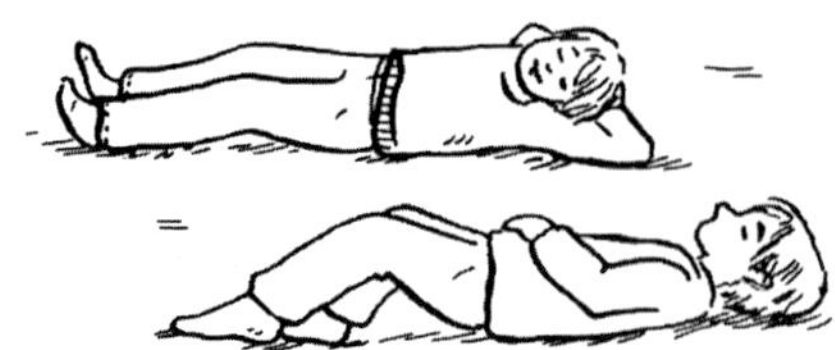

Arbeitsanleitung:
Bitten Sie die Kinder, sich einen Platz auf einer Isomatte zu suchen und es sich so bequem wie möglich zu machen. Wenn sie wollen, dürfen sie sich mit den Decken zudecken. Bereiten Sie die Kinder auf die Fantasiereise vor, indem sie erklären, dass Sie nun eine Geschichte vorlesen und gleichzeitig leise Musik läuft. Die Kinder dürfen währenddessen der Geschichte lauschen und die Augen schließen. Dabei können sie ihren Körper ganz entspannt liegen lassen. Liegen oder sitzen alle Kinder, können Sie beginnen, die Geschichte langsam und leise vorzulesen. Am besten macht man nach jedem zweiten Satz ein paar Sekunden Pause. Dann können die Kinder die Sätze leichter aufnehmen und haben Zeit, sich das Gelesene vorzustellen. Bitte erwarten Sie nicht, dass alle Kinder zuhören. Viele nutzen die Zeit, um sich auszuruhen und sich einfach zu entspannen. Hierbei steht nicht die Geschichte im Vordergrund, sondern die Entspannung im Kind. Man kann hinterher fragen, was die Kinder gesehen und gespürt haben oder ihnen Stifte und Papier geben und sie bitten, einfach etwas zu malen, was ihnen in dem Moment in den Sinn kommt. Erfahrungsgemäß malen die Kinder etwas aus der Geschichte oder etwas Symbolisches, das im Zusammenhang mit der Geschichte steht. Das Malen danach hat den positiven Effekt, dass die Kinder langsam von der Ruhephase wieder in die aktivere Phase zurückkehren können. Es ist sehr zu empfehlen, die Kinder nicht unmittelbar nach der Geschichte in die Gruppe zu entlassen, denn es kommt einem Schock gleich, von der ruhigen Atmosphäre in die laute Gruppe zu kommen. Der Geräuschpegel wird als wesentlich lauter empfunden als vorher und damit ist die gesamte entspannte Haltung im Kind rasch wieder verflogen.

Geschichte:
Schließe deine Augen und stelle dir vor, du sitzt mit deinem Vater auf einer schönen Bank ... Neben euch befindet sich zwar eine Baustelle, aber im Moment sitzen die Bauarbeiter in der warmen Sonne und genießen ihre Pause … Die Maschinen und Fahrzeuge stehen still, sodass es sehr leise ist … Dein Blick wandert zu dem Haus, das gerade dort gebaut wird … Rote Mauersteine sitzen perfekt übereinander und dazwischen trocknet der Beton … Es gefällt dir, wie ordentlich der Maurer seine Arbeit erledigt hat … Der Dachstuhl ist bereits gebaut und die ersten Dachziegel hängen schon daran … Das Haus hat mittlerweile zwei Stockwerke ... Du schaust zum oberen Stockwerk … Dort ist eine Lücke für ein Fenster … Vielleicht kommt da ein Schlafzimmer hin … oder ein Kinderzimmer … Bestimmt wird es ein Kinderzimmer … Plötzlich kommt einer der Bauarbeiter zu euch … Er lächelt freundlich und schaut zu euch herab … Er grüßt euch und fragt, ob ihr euch die Baustelle näher ansehen möchtet … Na klar, denkt ihr, und ob ihr das wollt … Ihr steht auf und geht mit dem Bauarbeiter auf die Baustelle … Es sieht zwar recht chaotisch aus, aber der Mann scheint zu wissen, wo es langgeht … Er führt euch herum und zeigt euch die Maschinen und Geräte … Da stehen ein Betonmischer, eine Walze und ein Presslufthammer … Der freundliche Mann geht mit euch einmal um das Haus herum und erklärt euch alles … Als du dich umschaust, siehst du, dass viele Eimer, Schaufeln und sonstige kleinere Werkzeuge herumliegen … Ein Stückchen entfernt stehen zwei große LKWs mit leeren Anhängern … Sie haben das ganze Material gebracht, das die Männer heute schon verbaut haben … Ein paar Mauersteine und Holzbalken sind noch übrig geblieben …

Auf der Baustelle – Fantasiereise (2) (ab 3 Jahren)

Kurz darauf steht ihr vor einem riesengroßen Kran, an dem über euch, hoch oben in der Luft, ein Eimer am Haken baumelt … Du legst den Kopf in den Nacken und schaust hinauf … Wie es wohl ist, da oben in dem Kran zu sitzen? ... Der Bauarbeiter lächelt und scheint zu wissen, was du gerade gedacht hast … Er fragt euch, ob du mit ihm nach oben in das Führerhäuschen kommen möchtest … Du überlegst nicht lange, sondern sagst ganz einfach „Ja!“ … Zusammen geht ihr zur Leiter, die nach oben führt und steigt langsam hinauf ... Der Bauarbeiter klettert hinter dir und spricht dir ruhig Mut zu … Ein bisschen mulmig ist dir schon, aber wenn man nicht hinunterschaut, ist es ganz gut … Nach einigen Sprossen bist du oben im Führerhaus angekommen und setzt dich auf den weichen Sitz … Vor dir sind zwei Knüppel, mit denen man den Arm des Krans und die Schnur, an der der Haken hängt, bewegen kann … Aber dann hebst du den Blick und schaust durch das Fenster … Wahnsinn, wie hoch das ist und vor allem wie weit man schauen kann … Du kannst fast über die halbe Stadt gucken … Es muss bestimmt schön sein, den ganzen Tag hier oben zu sitzen und einen so schönen Ausblick zu haben … Als du nach unten siehst, kannst du gut erkennen, wie groß das Haus eigentlich ist … Da passt ja eine große Familie hinein … Es wird bestimmt sehr schön, wenn es fertig ist, da bist du dir ganz sicher … Dein Vater sieht winzig klein von hier oben aus …
Wieder schaust du in die Ferne und genießt die Aussicht …
Hier könntest du noch lange sitzen und schauen, aber der Bauarbeiter stupst dich an … Er muss gleich wieder an die Arbeit, deshalb müsst ihr wieder hinunter … Schade, es war so schön hier …
Langsam klettert ihr aus dem Führerhäuschen hinaus und die Leiter hinunter …
Unten angekommen, beenden die anderen Bauarbeiter ihre Pause und gehen zurück an die Arbeit … Du und dein Vater geht langsam zu dem Bauzaun zurück, denn ihr dürft ja nicht hier sein, wenn gearbeitet wird … Ihr bedankt euch bei dem Bauarbeiter, dass er euch alles gezeigt hat und setzt euch wieder auf die Bank …

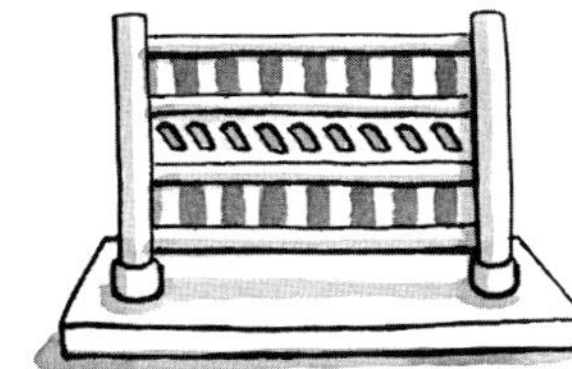

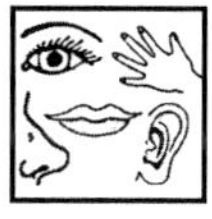

Was fühlst du? (ab 4 Jahren)

Material:
jeweils 1 Mauerstein, 1 Dachziegel, 1 Kieselstein, 1 Kiste mit Sand, 1 Hammer, 1 Schraube, 1 Schraubenzieher, 1 Eimer, jeweils 1 Schüssel mit warmem und kaltem Wasser, 1 Handtuch, 1 Augenbinde

Hinweis:

Die genannten Materialien dienen lediglich als Vorschlag und können gern ausgetauscht oder erweitert werden.

Arbeitsanleitung:
Einem Kind werden die Augen verbunden. Man erklärt ihm, dass es nun nacheinander Dinge in die Hand bekommt und sie befühlen soll. Wenn das Kind weiß, was es ist, kann es den Gegenstand benennen. Weiß es nicht, worum es sich handelt, kann man ihm über Tipps (z. B. wozu man es braucht oder wo man es finden kann) weiterhelfen. Bei dem Sand und den Wasserschüsseln führt man die Hände des Kindes zum Schüsselrand. Bitte tauchen Sie nicht die Hände in die Schüssel / die Kiste, sondern lassen Sie das Kind es selbst machen. Manche Kinder wollen sich lieber langsam vortasten und vielleicht erst einmal nur mit den Fingerspitzen fühlen. Mit dem Handtuch können sie sich ihre Hände abtrocknen. Es ist außerdem ganz sinnvoll, wenn das Kind die Materialbeschaffenheit beschreibt, zum Beispiel ob es warm oder kalt, weich oder hart ist, ob es aus verschiedenen Materialien besteht (wie z. B. der Hammer) usw. Auf diese Weise bildet sich im Kopf ein umfassendes Bild von jedem einzelnen Gegenstand.

BVK • Cornelia Emde: Kita aktiv „Projektmappe Auf der Baustelle“

Rohre verbinden (ab 4 Jahren)

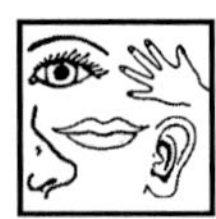

Verbinde die passenden Rohre miteinander.

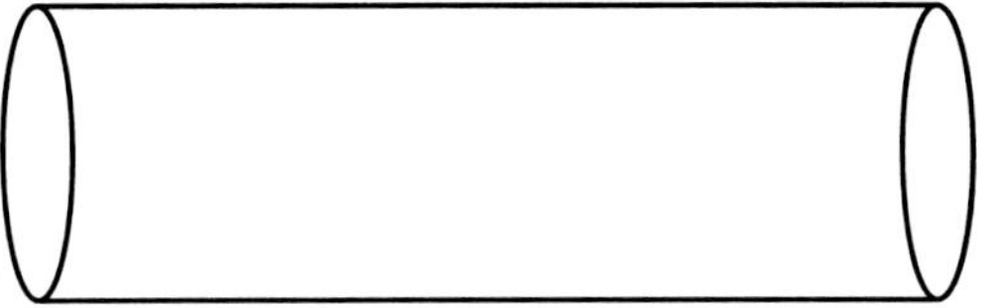

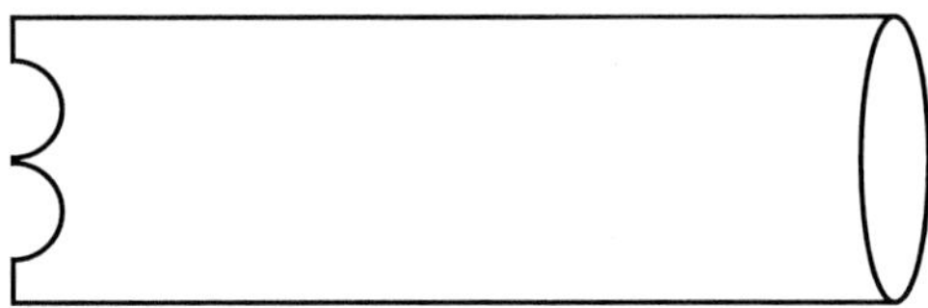

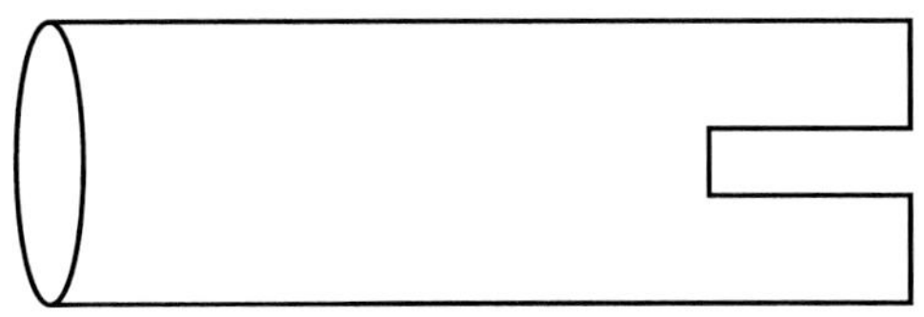

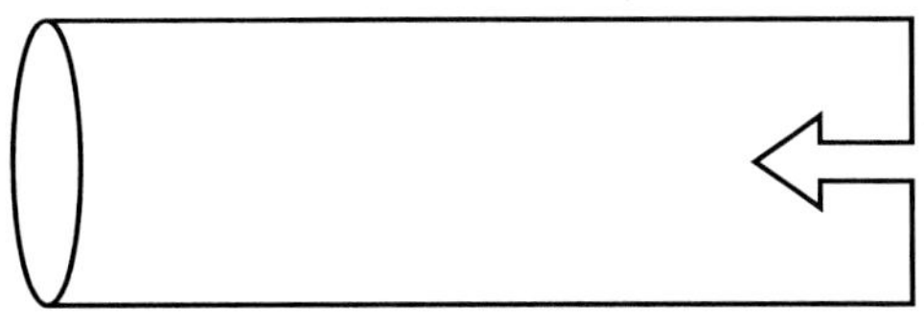

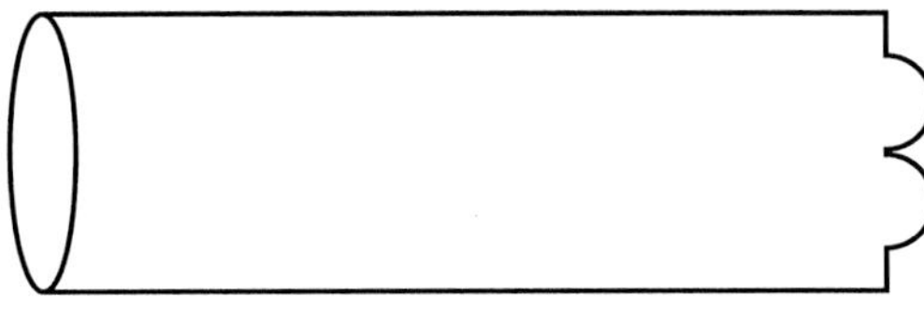

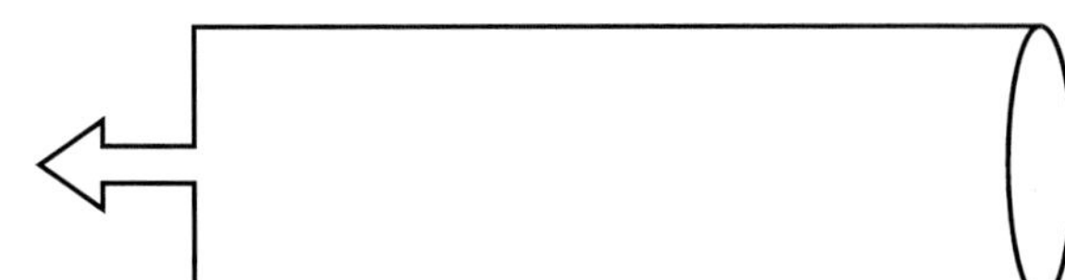

Dach decken (ab 5 Jahren)

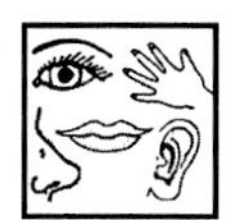

Hilf den Bauarbeitern und (Pinsel) male die Backsteine und die Dachziegel in das Haus. Aber Achtung, die Backsteine müssen versetzt übereinander gemalt werden.

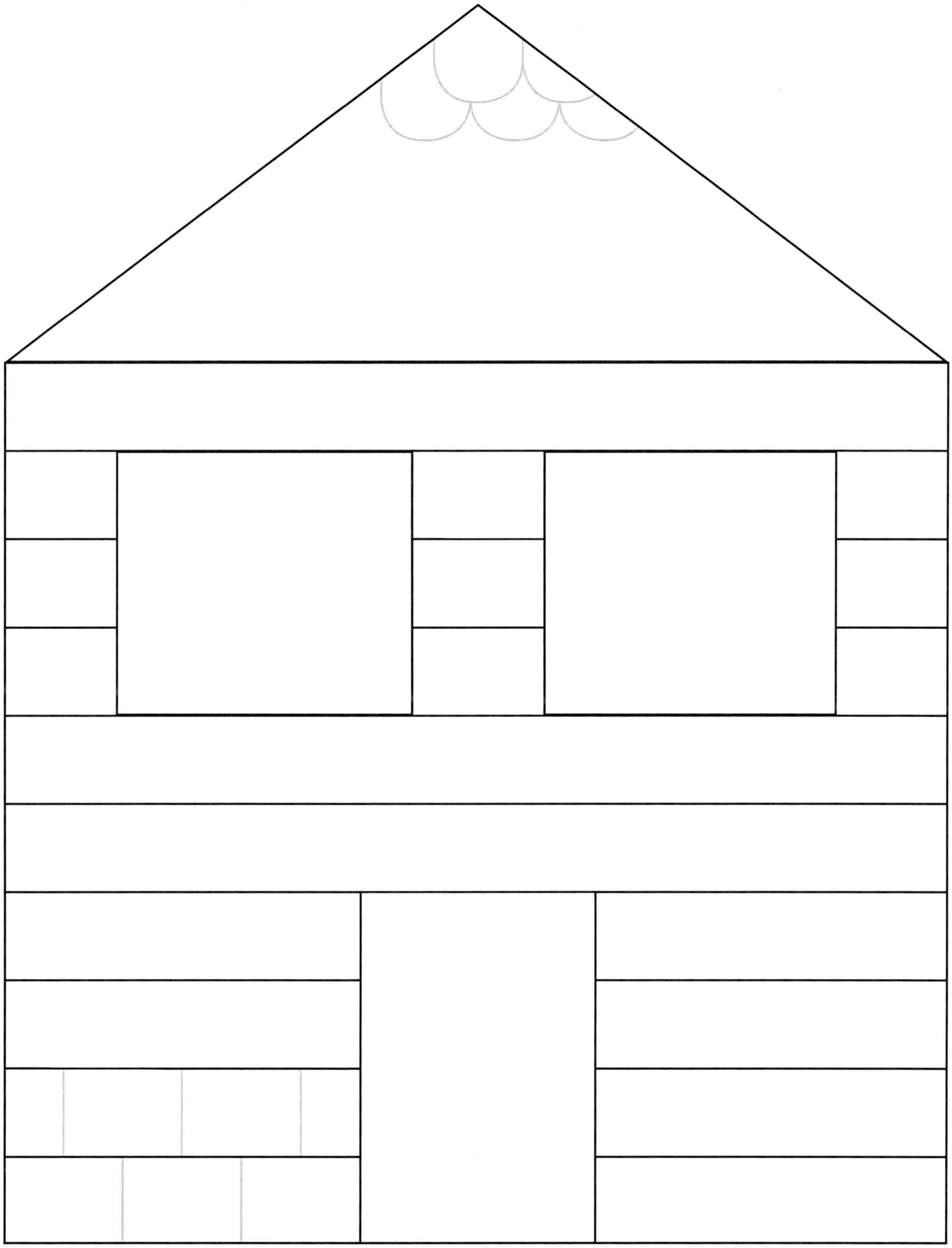

Zu Ende malen (ab 3 Jahren)

Die Materialien sind nur halb zu sehen.
Zeichne die fehlenden Hälften dazu und male sie aus.

BVK • Cornelia Emde: Kita aktiv „Projektmappe Auf der Baustelle“

Auf welchem Körperteil liegt der Holzbaustein? (ab 3 Jahren)

Material:
1 Holzbaustein, 1 Isomatte oder 1 Fallschutzmatte

Arbeitsanleitung:
Ein Kind legt sich auf die Matte und schließt die Augen. Nun muss es sich gut konzentrieren, denn ein anderes Kind legt ihm den Baustein auf einen Körperteil. Das liegende Kind muss nun erraten, auf welchem Körperteil der Baustein liegt.
Da die Kinder hier ihre Körperteile benennen sollen, ist das Wissen über die einzelnen Bezeichnungen Voraussetzung.

Kennen die Kinder die Namen der Körperteile noch nicht, lassen sie die Augen erst einmal geöffnet. Wenn dem Kind nun der Baustein auf einen Körperteil gelegt wurde, sollten Sie diesen Ort dabei sehr genau benennen, wie zum Beispiel: „Ich lege den Stein jetzt auf dein Bein.“ usw. Lassen Sie den Stein dann bitte einen Moment liegen, damit das Kind den Spürreiz auf dem Bein bewusst wahrnehmen kann. Das Kind darf sich auch gern selbst den Baustein irgendwo hinlegen. Auf diese Weise können Sie mit den Kindern das Körperbewusstsein einüben. Die Kinder können sich auch paarweise zusammenschließen und das Spiel zu zweit spielen.

Unter Kollegen (ab 3 Jahren)

Material:
1 Tamburin, 1 Toilettenpapierrolle pro Kind

Spielregeln:
Jedes Kind erhält eine Toilettenpapierrolle. Dieses Spiel ist dem Spiel „Feuer, Wasser, Sturm“ nachempfunden. Das bedeutet, die Kinder laufen mit der Toilettenpapierrolle in der Hand im Kreis herum, während Sie mit einem Tamburin im Takt dazu schlagen. Zwischendurch hören Sie auf zu schlagen und rufen einen der fettgedruckten Begriffe (s. u.) und die Kinder müssen die entsprechende Bewegung ausführen. Ist diese Bewegung vollzogen, schlagen Sie wieder auf das Tamburin und die Kinder laufen weiter, bis Sie den nächsten Begriff nennen.

Pause: Die Kinder stoßen mit anderen Kindern ihre Papierrollen gegeneinander.
Arbeit: Die Kinder knien sich hin und klopfen mit der Toilettenpapierrolle auf den Boden.
Feierabend: Alle legen sich flach auf den Boden.
Achtung: Alle bleiben auf der Stelle stehen und erstarren.

Mit dem Tamburin können Sie auch das Tempo vorgeben. Wenn Sie langsam spielen, gehen die Kinder langsam. Spielen Sie schneller, werden auch die Kinder schneller.

BVK • Cornelia Emde: Kita aktiv „Projektmappe Auf der Baustelle“

Vorsicht, frischer Beton! (ab 3 Jahren)

Material:
3 kleine Kästen, 2–4 Langbänke (alternativ Holzbretter, mind. 1 m Länge und 30 cm Breite), 1 Wippe, 3 Seile, weiteres Material zum Balancieren, stabile Elemente, um das Balanciermaterial zu erhöhen, Mauersteine (s. S. 21), Bauarbeiterhelme (s. S. 15), ggf. Fahnenstangen und Absperrband, evtl. Gymnastikmatten, evtl. gebastelte Dachziegel (s. S. 22)

Vorbereitung:
Die Mauersteine werden an ein Ende der Turnhalle gelegt. Dann baut man eine Wegstrecke von dem einen Ende der Halle zum anderen auf. Dazu legt man die Langbänke/Holzbretter, die Wippe, die Kästen und anderes zum Balancieren geeignetes Material auf den Boden, sodass sie einen Weg durch die Turnhalle ergeben. Mit den kleinen Kästen kann man die Langbank an den Enden erhöhen – bitte mit Gymnastikmatten sichern! Die Seile werden schlangenförmig oder parallel zu dem Balancierweg auf den Boden gelegt, sollten aber einen Abstand von etwa 2–3 m dazu haben. Optional: Die Fahnenstangen werden um die Baustelle herum aufgestellt und das Absperrband darangeknotet, sodass der Parcours geschlossen ist.

Spielanleitung:
Die Kinder setzen die Helme auf und bekommen den Auftrag, alle Mauersteine auf die andere Seite zu tragen. Dabei müssen sie auf den Balanciermöglichkeiten entlanggehen und dürfen nicht den Boden berühren. Dieser stellt den frischen Beton dar, der nicht betreten werden darf. Die Kinder bringen immer nur einen Stein auf die andere Seite, damit sie die Gleichgewichtsübungen öfter nutzen. Um Stau/Kollisionen zu vermeiden, gehen sie auf den Seilen wieder zurück. Die Kinder können auch die Dachziegel transportieren und das Haus auf der anderen Seite zusammenbauen.

Bewegungsbaustelle (ab 3 Jahren)

Material:
2–4 Fallschutzmatten, 2–4 kleine Kästen, 1 großer Kasten, Zollstöcke, 2 Langbänke, 1 Sprossenwand, Heulrohre und weitere Materialien, die sich zum Bau eines Gebäudes eignen, zum Beispiel gebastelte Mauersteine (s. S. 21), das gebastelte Dach und die Dachziegel (s. S. 22), Bauarbeiterhelme (s. S. 15), Plastikwerkzeug (falls vorhanden)

Vorbereitung:
Die Langbank wird auf Kniehöhe in die Sprossenwand und in den großen Kasten eingehängt. Hier sollte man von dem großen Kasten 2–3 Bauelemente entfernen, um ihn niedriger zu machen. Unter der Bank Fallschutzmatten auslegen. Die kleineren Kästen links und rechts von dem großen Kasten aufstellen, sodass ein abgegrenzter Kreis entsteht. Die zweite Langbank steht mit einem Ende auf dem Boden im Kreis und ist mit dem anderen Ende am großen Kasten eingehängt. Die Heulrohre, Zollstöcke und ein paar Mauersteine werden in den Kreis gelegt. Die übrigen Materialien an einer Seite der Turnhalle auslegen.

Spielanleitung:
Die Kinder gehen in den Kreis und sehen sich alles in Ruhe an. Weisen Sie auf die Materialien an der Seite hin, welche die Kinder nutzen dürfen und auch darauf, dass die Kinder das Aufgebaute (außer die Langbänke) verändern und sich selbst etwas ausdenken dürfen. Fehlen den Kindern Ideen, können Sie Vorschläge machen, zum Beispiel ein Haus mit Garten oder einen Spielplatz bauen. Versuchen Sie aber dennoch, die Kinder dahinzuführen, dass sie sich Gedanken machen und eigene Ideen entwickeln.

Bauarbeiterdiplom (ab 2 Jahren)

Material:
1 großer Sandkastenbagger, auf den man sich setzen kann. Der Schaufelarm sollte vom Sitz aus bedienbar sein, 1 Sandkiste (mind. 50 x 50 x 30 cm groß), Sand, 10 Holzbausteine, 1 Handfeger, 1 Kehrblech, Lego®steine, Lego® Duplo® oder die gebastelten Mauersteine (s. S. 21), das gebastelte Dach und die Dachziegel (s. S. 22), 1 Stuhl, 1 Tretfahrzeug, auf das sich die Kinder setzen können, 2 Gymnastikmatten, 1 Seil, mind. 10 Zollstöcke, mind. 10 kleine schwere Gefäße (z. B. mit Sand gefüllte Plastik- oder Pappbecher), ggf. Wolle o. Ä., Bauarbeiterhelme (s. S. 15), ggf. weitere Teile einer Bauarbeiteruniform, Buntstifte, Kopiervorlage „Bauarbeiterdiplom“ (s. S. 46)

Vorbereitung:
1. Die Angebote „Dach“, „Bauarbeiterhelme basteln“ und ggf. „Mauersteine herstellen“ sollten zuvor durchgeführt worden sein. Die Kopiervorlage „Bauarbeiterdiplom“ so oft vervielfältigen, wie Kinder teilnehmen. Das Angebot ist von der Materialmenge für eine Kleingruppe von 4–6 Kindern ausgerichtet. Möchte man die ganze Gruppe gleichzeitig arbeiten lassen, sollten die einzelnen Stationen mehrfach vorhanden sein.
2. Der Sand wird in die Sandkiste gegeben. Es sollte so viel Sand hinein, dass die Kiste gut gefüllt ist. Die Holzbausteine werden im Sand vergraben. Bagger und Handfeger mit Kehrblech werden daneben platziert. Hat man keinen Sitzbagger zur Verfügung, kann man auch einen kleinen Bagger verwenden.
3. Ein Stück entfernt legt man die Lego®steine, Lego® Duplo® oder die Mauersteine auf den Boden.
4. Den Dachstuhl stellt man ein Stück weiter auf. Hier den Stuhl mittig darunterstellen, sodass die Lehne den Mittelknick des Dachstuhls stützt. So wird das Dach zu beiden Seiten schräg und es können immer zwei Kinder daran arbeiten. Die Dachziegel werden danebenplatziert.
5. Die Gymnastikmatten werden längs hintereinandergelegt und das Seil schlangenförmig auf eine der beiden Matten gelegt. Das Fahrzeug stellt man vor ein Ende der Mattenbahn.
6. Die Zollstöcke werden ausgeklappt und so zueinander aufgestellt, dass sie einen etwa 1–2 m breiten Durchgang ergeben. Wie die Zollstöcke miteinander verhakt werden, bleibt Ihnen überlassen. Wichtig ist nur, dass das Gestell nicht von selbst wieder zusammenfällt und die Kinder hindurchkrabbeln, -kriechen oder -gehen können. Notfalls binden Sie die aufeinandertreffenden Enden zusammen. Um den Zollstockenden am Boden mehr Stabilität zu verleihen, können Sie sie in die mit Sand gefüllten Becher stellen.

Spielanleitung:
1. Die Kinder bekommen die Möglichkeit, ein Bauarbeiterdiplom zu erwerben. Dazu müssen sie verschiedene Aufgaben absolvieren, um ihr Können zu beweisen. Sie setzen ihre Bauarbeiterhelme auf und ziehen, falls vorhanden, weitere Teile einer Bauarbeiteruniform an.
2. An der Sandkiste setzt sich ein Kind auf den Bagger und versucht, mit der Baggerschaufel die Holzbausteine aus der Sandkiste herauszuholen. Arbeitet man mit einem kleinen Sandspielbagger, setzt das Kind den Bagger in die Kiste und bedient so den Schaufelarm. Hat es einen Stein in der Schaufel, dreht es den Schaufelarm zur Seite und legt den Stein auf den Boden. Die Größeren können bis zu zehn Steine herausholen, während die Kleineren nur zwei oder drei Bausteine ausgraben.
3. Bei den Lego®steinen bekommen die Größeren den Auftrag, ein kleines Haus zu bauen. Die 3–4-Jährigen können einen Turm bauen und die ganz Kleinen bauen aus Lego® Duplo® einfach ein paar Steine übereinander. Arbeiten Sie mit den Mauersteinen, bauen die Älteren die Hauswände ohne Dach. Hier sollte man die individuellen Fähigkeiten der Kinder beachten.
4. Beim Dachstuhl geht es um das Dachdecken. Hier legen die Kinder die Ziegel auf die Dachsparren. Die Älteren können eine ganze Seite decken, während sich die Kleinen auf eine Reihe konzentrieren.
5. Die Mattenbahn stellt die Straße dar, auf der die Kinder mit dem Fahrzeug entlangfahren müssen. Auf der Matte mit dem Seil fahren sie die Seillinie entlang und die anderen Matten befahren sie geradeaus. Sollte die Straße zu einfach sein, kann man Baustellenmaterialien auf den Weg legen, welche die Kinder umfahren müssen. Die Mattenbahn darf verlängert werden.
6. Durch den Zollstocktunnel gehen die Kinder sehr vorsichtig, ohne die Zollstöcke zu berühren. Bricht das Gerüst zusammen, muss es wieder aufgebaut werden. Haben alle Kinder die Aufgaben bewältigt, erhalten sie das Bauarbeiterdiplom.

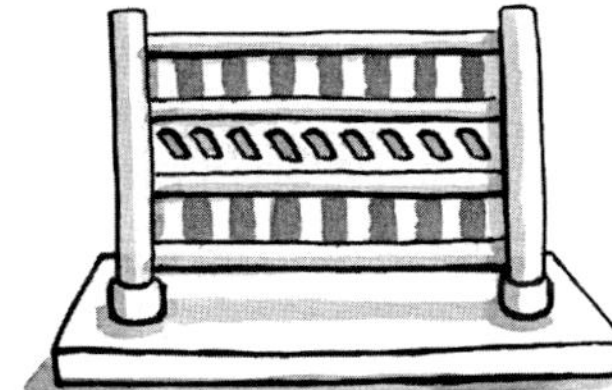

Bauarbeiterdiplom

Herzlichen Glückwunsch,

______________________________________ !

Du hast alle Bauarbeiterprüfungen
erfolgreich bestanden!

Auf dem Rücken geht es aber zu (ab 2 Jahren)

Material:
Isomatten oder Fallschutzmatten

Spielanleitung:
Die Kinder gehen paarweise zusammen. Ein Kind legt sich bäuchlings auf eine Matte. Das andere Kind setzt sich daneben, sodass es den Rücken des liegenden Kindes gut erreicht. Da dies eine Massageübung ist, weisen Sie bitte die Kinder darauf hin, die Rücken der liegenden Kinder nicht zu fest zu bearbeiten. Hier sollten die liegenden Kinder Rückmeldung geben, wenn die Massage unangenehm wird. Zudem darf nicht auf der Wirbelsäule massiert werden. Nach der ersten Runde wird gewechselt, sodass jeder einmal massiert wird. Sie sollten mitmachen, damit die Kinder Ihre Bewegungen nachahmen können, und gleichzeitig die Geschichte dazu erzählen. Das kursiv Gedruckte markiert die Massagebewegungen. Bitte machen Sie zwischen den einzelnen Bewegungen Pausen, damit die Kinder sie länger ausführen können.

Geschichte:

Auf einer Baustelle kann man allerhand sehen und hören.	*mit der flachen Hand kreisend über den Rücken streichen*
Viele verschiedene Bauarbeiter erledigen ihre Arbeiten.	*weiter kreisend über den Rücken streichen*
Da ist zum Beispiel der Maurer, der den Beton auf die Mauersteine streicht	*mit der flachen Hand hin und her streichen*
und die Steine übereinandersetzt.	*mehrfach leicht mit der flachen Hand punktuell neben der Wirbelsäule auf den Rücken drücken*
Aber auch die Brunnenbauer sind schon fleißig bei der Arbeit. Gerade gräbt einer eine Mulde	*mit den Fingern leichte Grabbewegungen machen*
und ein anderer verlegt die Rohre.	*Finger krümmen und zusammendrücken, in dieser Haltung jeweils links und rechts von der Wirbelsäule nach außen wegstreichen*
Der Zimmerer steht auf einer Leiter und bohrt Schrauben in einen Holzbalken.	*leicht mit dem Zeigefinger mehrfach punktuell auf den Rücken drücken*
Währenddessen hämmert der Dachdecker ein paar Dachziegel fest.	*mit der flachen Hand leicht auf den Rücken klopfen*
Der Chef geht überall entlang und sieht seinen Bauarbeitern zu.	*mit dem Zeigefinger und dem Mittelfinger auf dem Rücken hin und her spazieren*
Am Abend, wenn alle heimgehen, dürfen sich die Bauarbeiter ausruhen und entspannen.	*mit den Fingern über den Rücken kraulen*

Wir bauen eine Stadt (ab 3 Jahren)

Material:
Kiste mit Lego®steinen, Holzbausteine, 4 m Packpapier, Spielzeugautos, schwarze Filzstifte, 1 Bleistift

Vorbereitung:
In einem Raum wird der Boden freigeräumt, damit die Kinder Platz haben, sich auszubreiten. Nach Möglichkeit können die gebauten Dinge in dem Raum über einen längeren Zeitraum stehen bleiben.
Sie sollten die Straßen auf dem Packpapier mit dem Bleistift vorzeichnen. Auch die Gärten und Bauflächen der Kinder sollten vorgezeichnet werden, damit es später nicht zu Unruhen etc. unter den Kindern kommt.

Spielanleitung:
Zunächst malen die Kinder mit den schwarzen Stiften die Straßenlinien auf dem Packpapier nach. Dann sucht sich jedes Kind ein Feld aus, das es bebauen möchte.
Sie erklären den Kindern, dass sich jedes Kind selbst überlegen darf, wie es sein Feld bebauen möchte. Es kann ein Haus, einen Turm, eine Burg oder eine Garage bauen, ganz wie es möchte. Wer mit seinem Nachbarn zusammen ein Doppelhaus oder ein Hotel bauen will, kann dies auch gern tun. Wichtig ist nur, dass Sie den Kindern sagen, dass Sie sich nun zurückziehen. Das bedeutet, die Kinder müssen sich untereinander verständigen, um Hilfe bitten und aufkommende Konflikte allein lösen.
Die Kinder sind nun ein Team aus Bauarbeitern, die auf der Baustelle auch zusammen agieren müssen. Bleiben Sie aber im Raum, falls die Kinder allein nicht mehr weiterkommen.
Dann bauen die Kinder und in der Regel erfinden sie währenddessen eine Geschichte, über die sie miteinander ins Spiel kommen. Falls dies nicht der Fall sein sollte, können Sie sich wieder einklinken und ein Spiel forcieren.

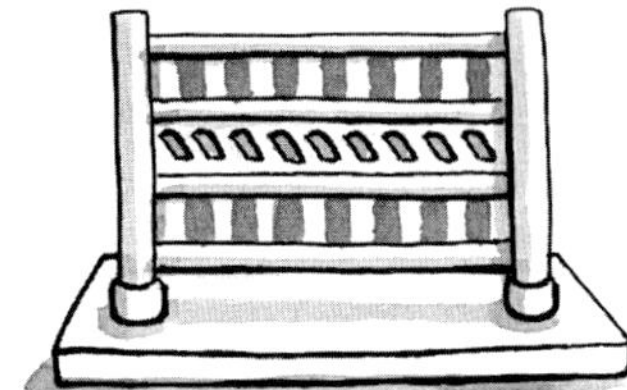

Der Bauarbeitertreffpunkt (ab 2 Jahren)

Material:
Sitzgelegenheiten, wie zum Beispiel Sitzkissen, Bänke oder Stühle, 1 Tisch, Becher, Getränke, ggf. Schälchen mit etwas zum Knabbern (Apfelschnitze, Mandarinen, Möhrensticks etc.)

Vorbereitung:
Eine Ecke in der Gruppe wird ausgewählt, in welcher der Treffpunkt dauerhaft bleiben kann. Die Sitzgelegenheiten werden so um den Tisch arrangiert, dass die Kinder einander zugewandt sitzen. Die Getränke und Knabbereien stehen auf dem Tisch.

Spielanleitung:
Die Kinder werden eingeladen, sich zu setzen, um sich mit dem Treffpunkt vertraut zu machen. Erklären Sie den Kindern, dass hier ein Treffpunkt für Bauarbeiter entstanden ist. Für gewöhnlich machen Bauarbeiter ihre Pausen zusammen und erzählen dabei Privates oder lustige Geschichten. Nun haben die Kinder ebenfalls die Möglichkeit, sich hier zusammenzusetzen und sich Erzählpausen zu gönnen. Die Ecke darf auch für Konfliktlösungen, Tagesablaufbesprechungen usw. genutzt werden. Die Getränke und gesunden Knabbereien sind optional, allerdings nehmen die Kinder in solchen Situationen spielerisch Flüssigkeit und Vitamine zu sich, was sonst im Alltag schnell untergehen kann.
Der Treffpunkt hat auch Regeln, die eingehalten werden müssen. So dürfen hier zum Beispiel keine Tobe-, Raufspiele gespielt werden, da er ausschließlich zum sprachlichen Austausch und zur Entspannung dient. Zudem darf niemand ausgeschlossen oder beleidigt werden.

BVK • Cornelia Emde: Kita aktiv „Projektmappe Auf der Baustelle“